世界一やせる スクワット

Squat

監修 スポーツ&サイエンス代表
坂詰 真二

日本文芸社

最強のソリューションです

「一番大切な筋トレは何ですか?」「筋トレを一つだけやるとしたら何ですか?」

こういった質問をお客様や生徒から、あるいはメディアのインタビューで何度か受けることがあります。そんな時、私は迷わず「下半身を鍛えるスクワットです!」とお答えしています。

私はこれまで様々なお客様にトレーニングのプログラムデザインをしてきました。皆さんの目的は「ダイエット、美容、メタボ予防、健康増進、怪我や病後の体力づくり、介護予防、競技力向上」と様々ですが、全ての方のプログラムにスクワットを入れています。かくゆう私も、自身の健康、体力、体型維持のために週に2回、1時間程度のトレーニングを続けていますが、最も時間をかけて行うのはスクワットです。仕事の関係でわずかな時間しか取れないときでもスクワットだけはやることにしています。

では何故、上半身を鍛える腕立て伏せや体幹を鍛える腹筋運動ではなく、下半身を鍛えるスクワットが必要、大切なのでしょう?

答えは単純明快です。全身の筋肉量の60~70%が「お尻、太もも、ふくらはぎ」といった下半身に集中しているからです。筋肉は必要に応じて発達し、量を増やします。それは例えば同じ哺乳類の「猿とオットセイと人間」を比べれば明らかです。樹にぶら下がって移動する猿は体を支える上半身に筋肉が集中し、体をくねらせながら水中を泳ぐオットセイの場合は体幹の筋肉が発達しています。これに対し、人間は二足歩行をする

スクワットが

ため、自ずと下半身の筋肉量が多くなったのです。しかし、一生涯の中で私たちの筋肉量が増えるのはせいぜい20歳位まで。普通に生活をしていると年に0.5～1％程度、少しずつゆっくりと減少していきます。20歳の頃の筋肉量を１００とすると50歳では80％程度、80歳ではなんと50％程度まで落ち込みます。20歳を過ぎて少しずつ、体脂肪がつきやすくなり、体型が崩れる最大の原因は筋肉が減ることです。

たった一つのトレーニング、スクワットを3分程度行うだけでも確実に体は変わります。まず、立ち上がる、歩く、階段を上るのが楽に感じるようになります。そして体が温まり凝りや冷えが改善するのを実感できるでしょう。また、続けることで体脂肪が減って、体型も若返っていきます。とはいえ、やみくもに屈伸運動をすれば良いという訳ではありません。誤った方法では効果が出にくいばかりか、ひざや腰に負担をかけて怪我をしかねません。

本書では安全で効果的な、正しいスクワットのやり方、フォーム、強度調節、回数などを豊富な写真を用いながら丁寧に解説しています。

スクワットにトライし、最小努力で最大効果をゲットしましょう！

スポーツ＆サイエンス代表
坂詰　真二

嬉しい効果がいっぱい!

スクワットは一生リバウンドしない王道ダイエット

坂詰式やせるスクワットは、今までの**「きつい、面倒、果てしない」というイメージとはまるで違う合理的な筋トレ。2~3日に一度、わずか3分で必ず結果が出ます。**意外なほど短い時間で効果を発揮するのは、筋トレはもとより生理学や栄養学に基づく理にかなったメソッドだから。いままでさまざまなダイエットに費やしてきた時間とお金と努力が、筋肉を減らしてやせにくい体を作っていたとしたら? そんな負のスパイラルから抜け出すためにも、正しい筋トレやダイエットの知識を身につけるのです。いつでもどこでもできるスクワットで、憧れの引き締まった体と日常生活でのさまざまなメリットを手に入れましょう。

3日に1回で良い

リバウンドしない

確実にやせる

坂詰式やせる
スクワットのメリット

いつでも
どこでも
できる

1日3分で
OK

体が若返る

全身が
引き締まる

姿勢が
良くなる

睡眠の質が
良くなる

ストレスが
和らぐ

冷えにくく
なる

疲れにくく
なる

ラムで体形が変わる!

身長
162cm

体重	52.0kg	54.0kg	−2.0kg
体脂肪	23.0%	25.0%	−2.0%
ウエスト	69.0cm	72.0cm	−3.0cm
ヒップ	93.0cm	95.0cm	−2.0cm
太もも	53.5cm	55.0cm	−1.5cm

Kさん（22歳）

目標：10代の頃のベスト体重に戻りたいです!!

毎日決まった時間に
実践できたのが
続けられた秘訣です！

「4週間プログラム」を体験して

職場で毎日16：00にスクワットや有酸素運動、ストレッチをする！と決めて宣言し、社員数名で実践できたので続けやすく楽しく減量できました。3分程度でできるので、デスクワークの合間の気分転換にも最適でした。

食事で気をつけたこと

いつもより水分を多めに摂り、コンニャク麺を使った「きのこのパスタ風」を作ったり、きのこ類、海藻を積極的に取り入れました！4週目の肉や魚を毎食取り入れるのは案外大変なので、冷凍食品を取り入れたりして工夫しました。

坂詰式4週間プログ

After　Before

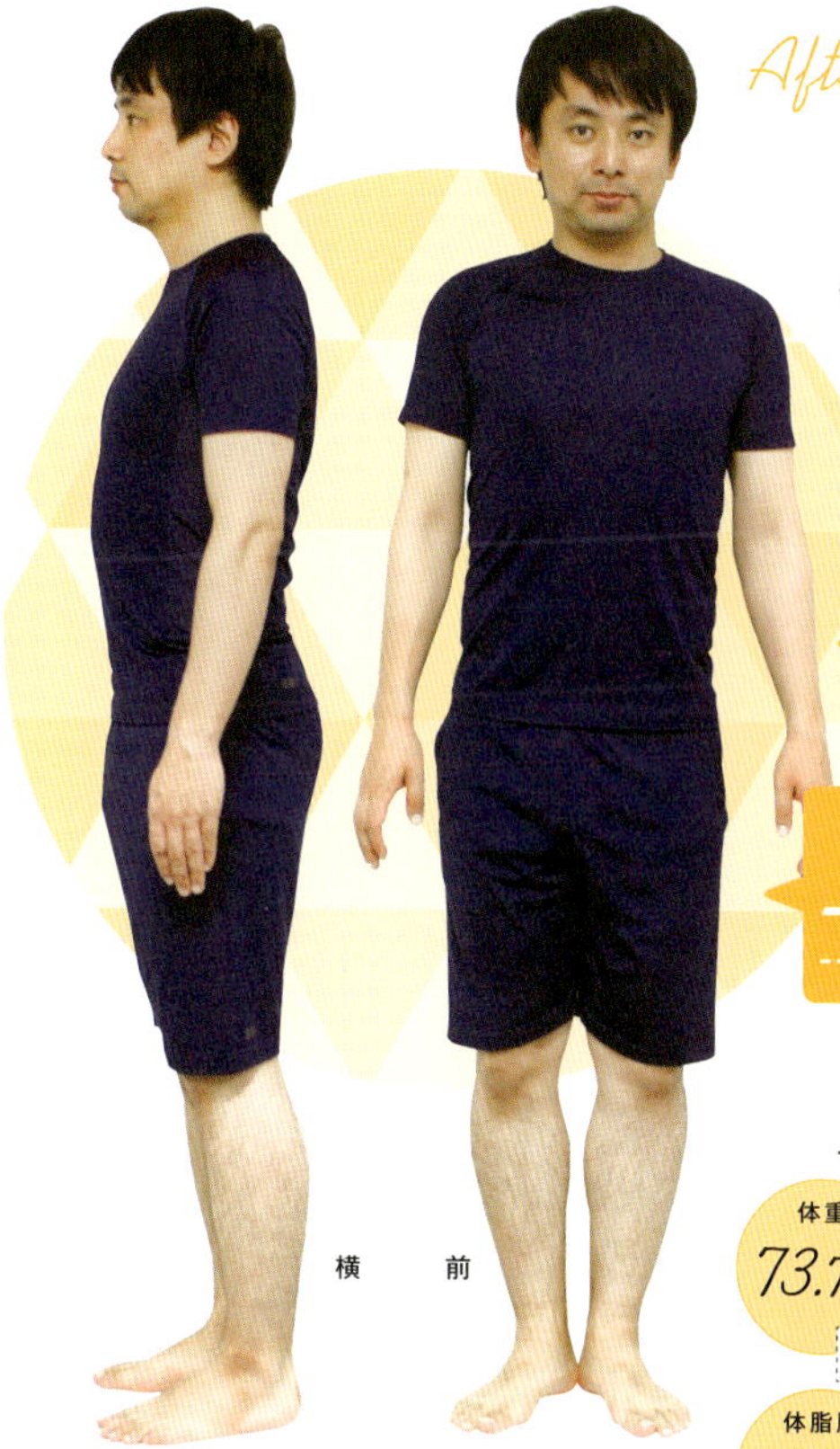

ウエスト
-2.5cm

体重
-1.9kg

身長
172cm

項目	After	←	Before	差
体重	73.7kg	←	75.6kg	−1.9kg
体脂肪	22.0%	←	23.2%	−1.2%
ウエスト	82.5cm	←	85.0cm	−2.5cm
ヒップ	95.0cm	←	98.2cm	−3.2cm
太もも	56.5cm	←	57.5cm	−1.0cm

Sさん（34歳）

目標： マイナス3キロを目指します！

1日数分なのが気軽で続けやすい！

「4週間プログラム」を体験して

1日数分の簡単なスクワットなので、思ったより楽に継続できました。糖質オフなどを試しましたが結局いつもリバウンドしていたので、このメソッドに感銘しました！引き締まったお腹を保っています。

食事で気をつけたこと

仕事の付き合いでよくお酒を飲む機会があるのですが、お店ではメニューが限られる為、海藻やこんにゃくを増やすのが難しかったので、ランチにコンビニの海藻サラダをプラスするのを日課にしました。

ダイエットの成功者たちの声

回数よりも フォームが大切と実感

妊娠中に20kg以上増加し、体形も崩れダイエットを決意。「おばちゃん体型だけにはなりたくない！娘がいてもこれからの人生もっと楽しみたい！というモチベーションでスクワットの他、モムチャンダイエット、踏み台昇降など様々なダイエットを取り入れ、ダイエットに成功しました。やせた今でもスクワットを習慣にしており、忙しくても最低10回は続けています。下半身に筋肉をつけるのに効果的で、全身がやせやすい体質になりました。回数よりもフォームに気をつけた方が効果を出しやすいと実感しています。

10ヵ月で

体重 −16.0kg

体脂肪 −9.0%

身長 163cm

MONAさん（30歳）

事務職・ダイエットアドバイザー

Instagram
@mona_163cmdiet

Blog
『MONAの産後ダイエットで愛されBODYに』
https://ameblo.jp/mona163cmdiet/

65kg → 49kg

念願の 下半身やせに成功

以前は、万年ダイエッターで効率の悪く不健康なダイエットばかりしていましたが、スクワットなどの筋トレや有酸素運動で、やせにくかった下半身や背中がスッキリとしました！最近では歯を磨きながら15回、お湯が沸くまで待ちながら30回、など「ながら」でスクワットを生活の一部に取り入れています。

またインスタグラムで知り合った仲間と、励ましあいながらストレスをためないようにダイエットを楽しんでいます。

3ヵ月で

体重 −6.6kg

体脂肪 −8.5%

身長 162.5cm

りーももさん（42歳）

主婦

Instagram
@reemo.mo_d1et217

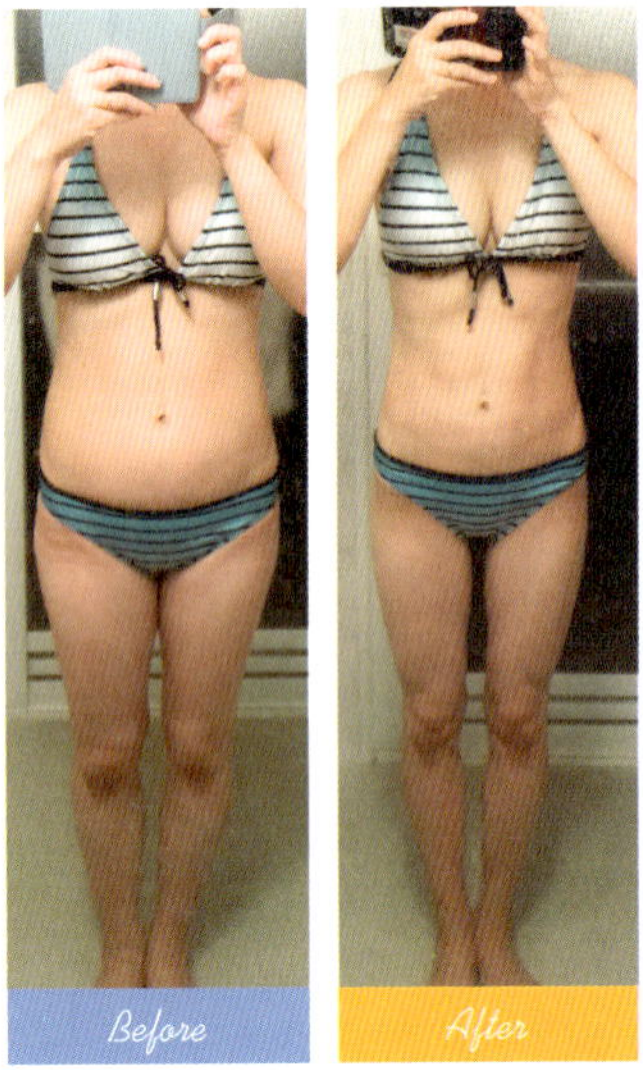

55.6kg → 49.0kg

スクワットを取り入れてます!

3日に1度で スタイルキープを持続

ダイエットのきっかけは好みの洋服が着れない似合わない事でした。太っている自分で自虐キャラを演じ笑いをとることにも嫌気がさしていました。

ダイエットは色々挑戦しましたが、スクワットは特に全身に効いた感覚があります。足の幅を広めにしたスクワットを行っていた為か、特に内腿の引き締めに効果がありました。

短時間で発汗し、いつでもどこでも行えるところが手軽で好きです。3日に1回ほどのペースでも体形を保っているので、今後も継続していきたいです。

10ヵ月で

体重 −19.1kg

体脂肪 −16.8%

身長 160cm

natsuさん（34歳）

主婦

Instagram

@natsuchan_diet72

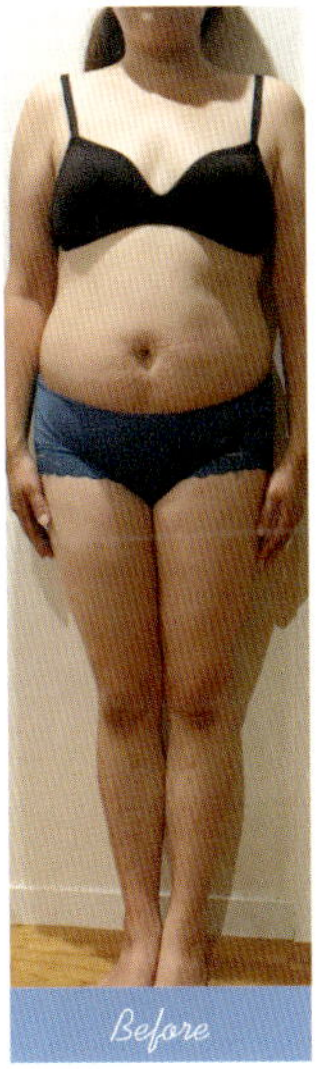
Before

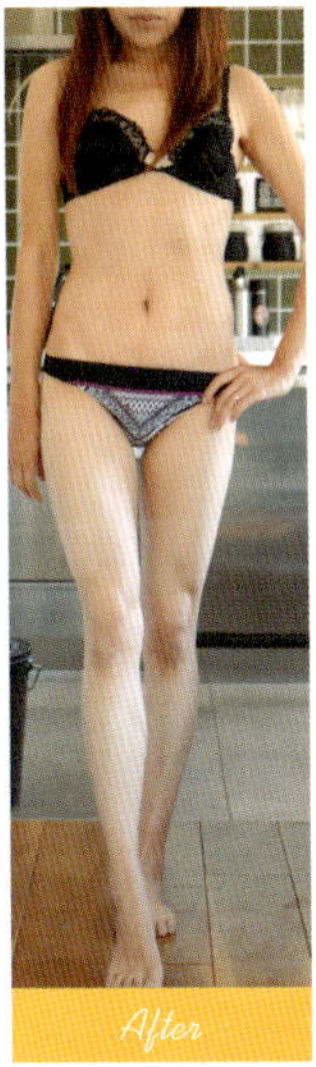
After

65.5kg → 46.4kg

スクワットを日課にして 足やせ、ヒップアップに成功

産後に臨月よりも太ってしまいダイエットを開始。ビフォーの写真は元々、自分を戒める為に撮りました。

下半身の筋肉を鍛えるとダイエットに効果的だと知っていたので、特にスクワットに力を入れています。「〜だけダイエット」のように極端に食事制限するものはリバウンドの反動がすごかったのですが、その様な事もなく着実にやせていっています。また、足の幅を広めにしたスクワットもしている為か、やせにくい脚や平だった大きなお尻も妊娠前に戻りつつあります。

1年で

体重 −14.1kg

体脂肪 −10.0%

身長 172cm

utamamaさん（34歳）

自営業

Instagram

@utamama210

Before

After

75.3kg → 61.2kg

The best squats exercise to lose weight

世界一やせるスクワット

目次 *Contents*

2 スクワットが最強のソリューションです
4 スクワットは一生リバウンドしない王道ダイエット
6 坂詰式4週間プログラムで体形が変わる！
8 スクワットを取り入れてます！ 成功者たちの声
10 「世界一やせるスクワット」の使い方

※各種運動法について
本書に掲載している各種運動法を行う際、体調に不安のある方、妊娠中の方（その可能性のある方を含む）、持病がある方などは専門の医師と相談のうえ、指示に従ってください。また、運動法による効果は個人差があることを予めご了承ください。いかなる事故・クレームに対しても、弊社、監修者は一切の責任を負いません。

PART 1 坂詰式やせるスクワットの秘密 15

下半身を鍛える方が大切(1)
お腹を凹ませる近道は腹筋よりも下半身を鍛えること 16

下半身を鍛える方が大切(2)
社会人になると太りやすいのは下半身の筋肉が衰えるから 18

下半身を鍛える方が大切(3)
ダイエット中は「筋トレ」で基礎代謝を死守 20

間違いダイエットから卒業する(1)
「部分やせ」はあり得ない！スクワットで「全身やせ」 22

間違いダイエットから卒業する(2)
ゆがみで太ることはなく骨盤を整えても体脂肪は減らない 24

間違いダイエットから卒業する(3)
脳は都合の良いことだけ記憶する体質という言葉に騙されないで 26

間違いダイエットから卒業する(4)
筋トレ＝きつい、長いは間違い回数自慢には意味がない 28

スクワットでやせる(1)
自宅でできる、着替えがいらない1日たったの3分でOK 30

スクワットでやせる(2)
食事制限＋スクワットは最短でやせられる最高のダイエット 32

スクワットでやせる(3)
運動は苦手、嫌いという人ほど筋トレの効果が高い 34

スクワットのメリット(1)
引き締まった体とすらりと伸びた背すじが手に入る 36

スクワットのメリット(2)
ほどよく体を動かす方が疲労の回復が早い 38

スクワットのメリット(3)
スクワットで筋肉を刺激すると睡眠の質が良くなる 39

スクワットのメリット(4)
筋トレでアドレナリンを消費しストレス解消、過食を防ぐ 40

スクワットのメリット(5)
免疫力を低下させる冷えにもスクワットが効果的 41

コラム ＃1
スクワットで太ももがムキムキになるってホント?! 42

43 PART 2 4週間プログラムと4つのルール

44 まずは目標をはっきりさせる
4週間プログラムで10年前の体を取り戻す

46 いよいよ実践まであと少し(1)
知っておきたい4つのルールと4週間プログラムカレンダー

48 4週間プログラム
チェックシートカレンダー

50 いよいよ実践まであと少し(2)
主要な筋肉を知って効いている感じを意識しよう

52 坂詰式スクワットの極意(1)
正しいフォームとスピード 余力を残した負荷で行う

54 坂詰式スクワットの極意(2)
1セットだと効果半減 3セット+インターバルの意味

56 坂詰式スクワットの極意(3)
筋トレは毎日やってはいけない「超回復」させるには休養が必要

58 坂詰式スクワットの極意(4)
筋トレが休みの日はストレッチや有酸素運動をする

59 坂詰式スクワットの極意(5)
目標に達したら週1回の筋トレで筋肉をキープ

60 コラム#2
BMIを測って自分の理想体重を知る

61 PART 3 いよいよ実践スクワットメソッド

62 スクワット・レベル1
ベンチ・スクワット(椅子スクワット)

76 プラスして鍛えるとさらに効果UP1
プッシュ・アップ

66 有酸素運動 ボクシング・スクワット
68 ストレッチ スクワット・ストレッチ
70 スクワット・レベル2 スプリット・スクワット（前後開脚スクワット）
72 スクワット・レベル3 サイド・スクワット（左右開脚スクワット）
74 スクワット・レベル4 シングル・スクワット（片脚スクワット）
77 プラスして鍛えるとさらに効果UP2 ニール・ダウン
78 プラスして鍛えるとさらに効果UP3 アブドミナル・カール
79 プラスして鍛えるとさらに効果UP4 バック・エクステンション
80 コラム＃3 成功か？挫折か？ その分かれ道は、「目標設定」です

81 PART 4 やせる食生活でダイエットが急加速

82 食生活を改善しよう 4週間プログラムに合わせて食生活も改善すれば効果は絶大！
84 やせる食生活1週目 水はたっぷり 普段よりも1ℓ以上飲む
86 やせる食生活2週目 脂・糖・アルコールのうち 一番好きなものを少しだけ我慢する
88 やせる食生活3週目 カロリーゼロ食材 3Kを積極的に摂る
90 やせる食生活4週目 タンパク質を プラスした食事を意識する
92 スクワットやダイエットに関するQ&A 運動編／生活編

How to use
「世界一やせるスクワット」の使い方

PART 1

みんなが勘違いしがちな
ダイエットにまつわる嘘や、
確実にやせるための
秘密を紹介します。

PART 2

坂詰式スクワットメソッド
「4週間プログラム」を
実践するにあたっての
注意点を教えます。

「4週間プログラム
チェックシートカ
レンダー」も付いて
いるので安心。

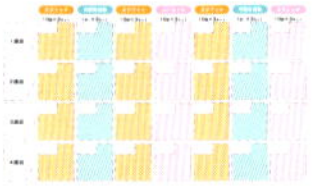

PART 3

全ての基盤の
「ベンチスクワット」を
始めとしたプログラムのレクチャー

PART3に掲載している
「ベンチスクワット」が
この本の基盤になります。
4ページに渡って詳しく
説明しているので、ポイントを
しっかり覚えて体に
叩き込みましょう!!

このポイントは一つ一
つが重要！スクワット
は筋肉に負荷をかけて
正しく行わなければ、
効果が得られません。

回数とセット数、イ
ンターバルの長さを
しっかり守りましょ
う※詳しくはP54

PART 4

やせるための4週間の
食事を1週ごとに紹介します。
「スクワット＋食事制限」は
やせるための大本命！！

PART 1

坂詰式 やせるスクワットの秘密

スクワッドの実践を迎える前に
まず、知っておきたい基礎知識を紹介。
どうしてこんなにスクワッドが効果的なのか？
知ると断然やる気が湧いてくる！

Reason for weight loss by Squat

下半身を鍛える方が大切（1）

お腹を凹ませる近道は腹筋よりも下半身を鍛えること

お腹周りはもともと体脂肪の多い部位なので、引き締まったウエストや割れた腹筋は憧れの的。古典的な腹筋運動からコア（体の中心）トレーニング、人気の体幹ダイエットまで、お腹を凹ませるさまざまな部分痩せメソッドがあふれています。いわゆる「部位別筋トレ型ダイエット」です。

腹筋運動で筋肉痛になると、いかにもお腹の脂肪が燃えそうな気がするためか、お腹やせには腹筋運動と思い込んでいる人はたくさんいます。しかし、大部分が筋肉の下半身に比べると、内臓や脂肪の多い体幹の筋肉量は格段に少なく消費エネルギーも微々たるものです。同様に、二の腕の引き締めを目的に腕立て伏せをしても、あまり効果はありません。

やせるためには摂取カロリーよりも消費カロリーが上回ることが絶対条件。筋肉は、動かさなくてもエネルギーを消費して体脂肪を減らす働きがあります。**確実に**

全身の筋肉量

女性
上半身：約15%
体　幹：約15%
下半身：約70%

男性
上半身：約25%
体　幹：約15%
下半身：約60%

脂肪を減らして、リバウンドしにくい体を手に入れる最も合理的な方法は、全筋肉量の6～7割を占める下半身を鍛えて筋肉を増やし、体全体の消費カロリーを上げること。お腹を凹ませたかったら、腹筋よりもスクワットで下半身を鍛えるのが正解です。

全筋肉量の60～70%を占める下半身を鍛えると最も効率よくやせられる。

Reason for weight loss by Squat

下半身を鍛える方が大切（2）

社会人になると太りやすいのは下半身の筋肉が衰えるから

20歳ぐらいまでは体の成長を促す成長ホルモンなどが盛んに分泌されます。そのため、特別なスポーツをしていなくても筋肉は自然に増えます。子どもの頃は遊びの中や体育の授業で、運動部に入っていた人はさらに多くの刺激を受けて筋肉はどんどん増えて発達するのです。

しかし、20歳頃をピークに筋肉量は減っていきます。それに追い打ちをかけるのが、社会人になってからの環境の変化。**上半身の筋肉を使う動作、物を取る、持つ、運ぶなどといった動きは、生活環境が変化してもそれほど変わりませんが、顕著なのは下半身の筋肉の減少です。**学生の頃は、1階から5階の教室にも階段で移動するのが当たり前だったのに、職場ではひとつ下の階に降りるのもエレベーター。駅や商業施設ではエスカレーター、電車内では空席を探す。時間に余裕がないから、ちょっとした距離でもタクシーに乗るなど、思い当たることはありませんか。こうした生活を続けていると、下半身の筋肉は自覚している以上に衰えてしまいます。

社会人になったら脂肪がつきやすくなるのは、飲み会などによって摂取カロリーが増えるのも一因です。しかし、学生の頃と**同じエネルギーしか摂っていなくても太ります。それは、成長ホルモンの減少やライフスタイルの変化によって下半身の筋肉が減少し、消費エネルギーが少なくなるからなのです。**

社会人になると生活環境が変化して下半身の筋肉が減る。

学生時代

・階段を使う
・部活

社会人

・デスクワークが多い
・エレベーターやエスカレーターをよく使う

Reason for weight loss by Squat

下半身を鍛える方が大切（3）

ダイエット中は「筋トレ」で基礎代謝を死守

食べ物から摂取するエネルギーよりも消費エネルギーが上回る。これがやせる仕組みです。エネルギーを消費するというと、体を動かすことをイメージしがちですが、それは全消費エネルギーの15～20％でしかありません。消費エネルギーの60％を占めているのは、熱を作り体温を保つなど生命を維持するための基礎代謝。その役割を担っている筋肉は、意識して運動していなくてもエネルギーを使っています。ヒトの筋肉は１kgあたり１日で10kcal消費します。すなわち筋肉量が多ければ多いほど、ただ生活しているだけでやせやすくなるという理想的な体になります。

ここでダイエットをする方々に知っておいてほしいのが、**やせるときには体脂肪だけでなく筋肉も減ってしまうという真実。食事制限だけでやせると一時的に体重が落ちても筋肉減少の為に基礎代謝が悪くなり、リバウンドしやすく、さらにはやせにくい体になってしまうのです。** そうでなくても筋肉は年を取るほど減っていくので、**基礎代謝をキープしたまま体脂肪だけを減らしたかったら、筋トレを行って筋肉量を維持することが必要不可欠。**ここで知っておきたいのが筋肉について。筋肉には「速筋」と「遅筋」とがあり、加齢やダイエットで減りやすいのが「速筋」です。ですから鍛えるべきは「速筋」。スクワットでしっかりと負荷をかけると、10回程度の反復トレーニングで速筋を鍛えることが可能です。

消費エネルギー

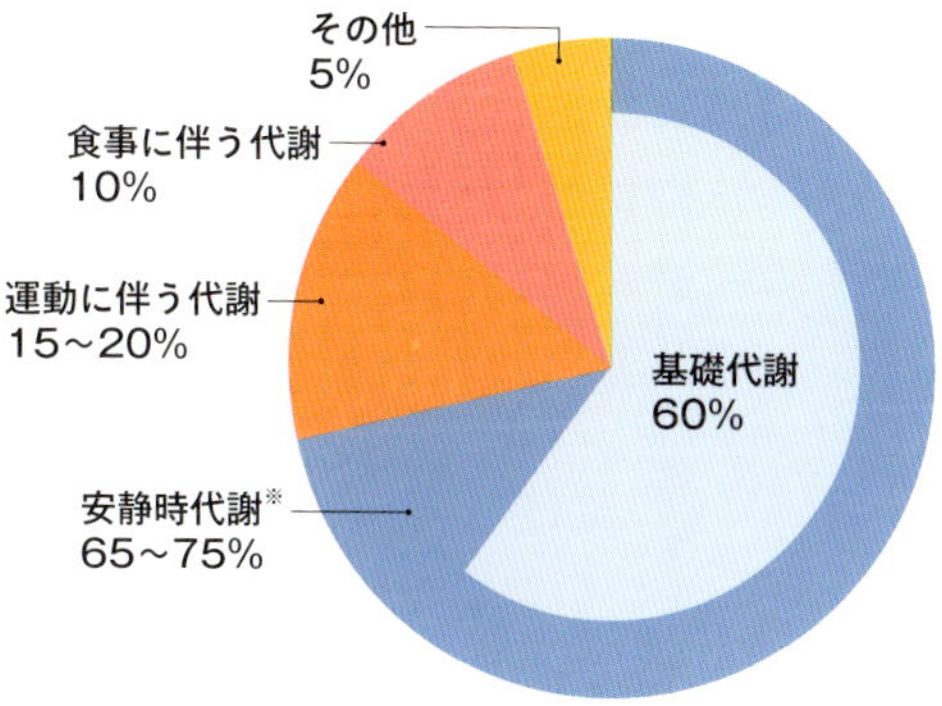
その他
5%
食事に伴う代謝
10%
運動に伴う代謝
15~20%
基礎代謝
60%
安静時代謝※
65~75%

全消費エネルギーの6割は安静時代謝の大部分を占める基礎代謝であり、そのほかには運動や消化吸収に使われている。
※基礎代謝より測定法が緩く、約1.2倍と言われています。

筋肉の構造

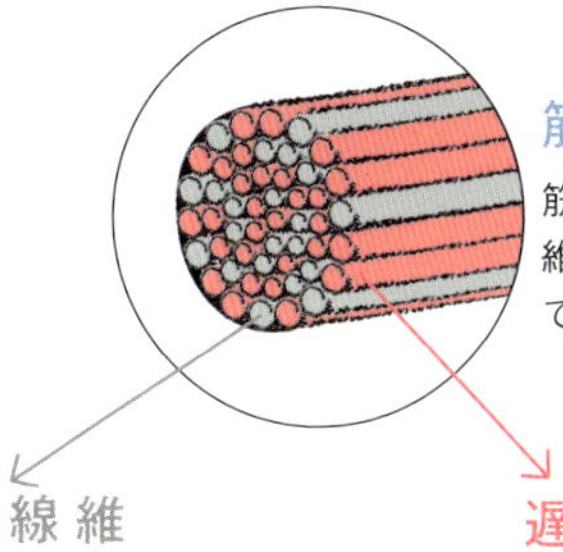

筋肉

筋肉は速筋（白筋）線維と遅筋（赤筋）線維で構成されている。

速筋線維

収縮が速く瞬発力を生み出すが疲労しやすい。鍛えると肥大しやすい。

遅筋線維

持久力に優れ、長時間一定の動きを維持できる。鍛えても太くなりにくい。

Reason for weight loss by Squat

間違いダイエットから卒業する（1）

「部分やせ」はあり得ない！スクワットで「全身やせ」

筋肉は部位別に鍛えられます。しかし、体脂肪を部位別に減らす、いわゆる「部分やせ」はできません。その理由は、脂肪が分解されるメカニズムを知れば明らか。脂肪細胞の脂肪を分解する指令を出すのは主にアドレナリンというホルモンです。アドレナリンは血液によって全身の脂肪細胞に運ばれ、各脂肪細胞内の脂肪は同じ割合でエネルギー源になります。アドレナリンが筋トレを行った特定の部位にだけ働きかけるということは生理学的にありえないのです。

ただし、気になる部分、細くしたい部分の脂肪ほど減りやすいのは事実です。体の各部位にある脂肪細胞の「数」は遺伝的に決まっていて、脂肪吸引でもしない限り変わりません。血中のホルモンの指令によって全身の脂肪細胞は同じ割合で「サイズ」が変わります。この変化を脂肪が増えた、減ったと感じるのです。**全身の脂肪が同じように半分のサイズになると、１㎝が半分になるよりも10㎝が半分になっ**

たほうがはっきりわかるので、脂肪細胞の多いお腹や太ももなどが部分やせしたと勘違いするのです。

だから、お腹を凹ませたかったら、全身の脂肪を減らすこと。食事から摂取するエネルギーを制限しながら、筋トレによって筋肉量と基礎代謝を維持するのです。体幹よりも筋肉量が圧倒的に多い下半身を鍛えて消費エネルギーを増やせば、全身の体脂肪が減って結果的に気になるお腹も凹むというわけです。

お腹が部分やせ?! の勘違い

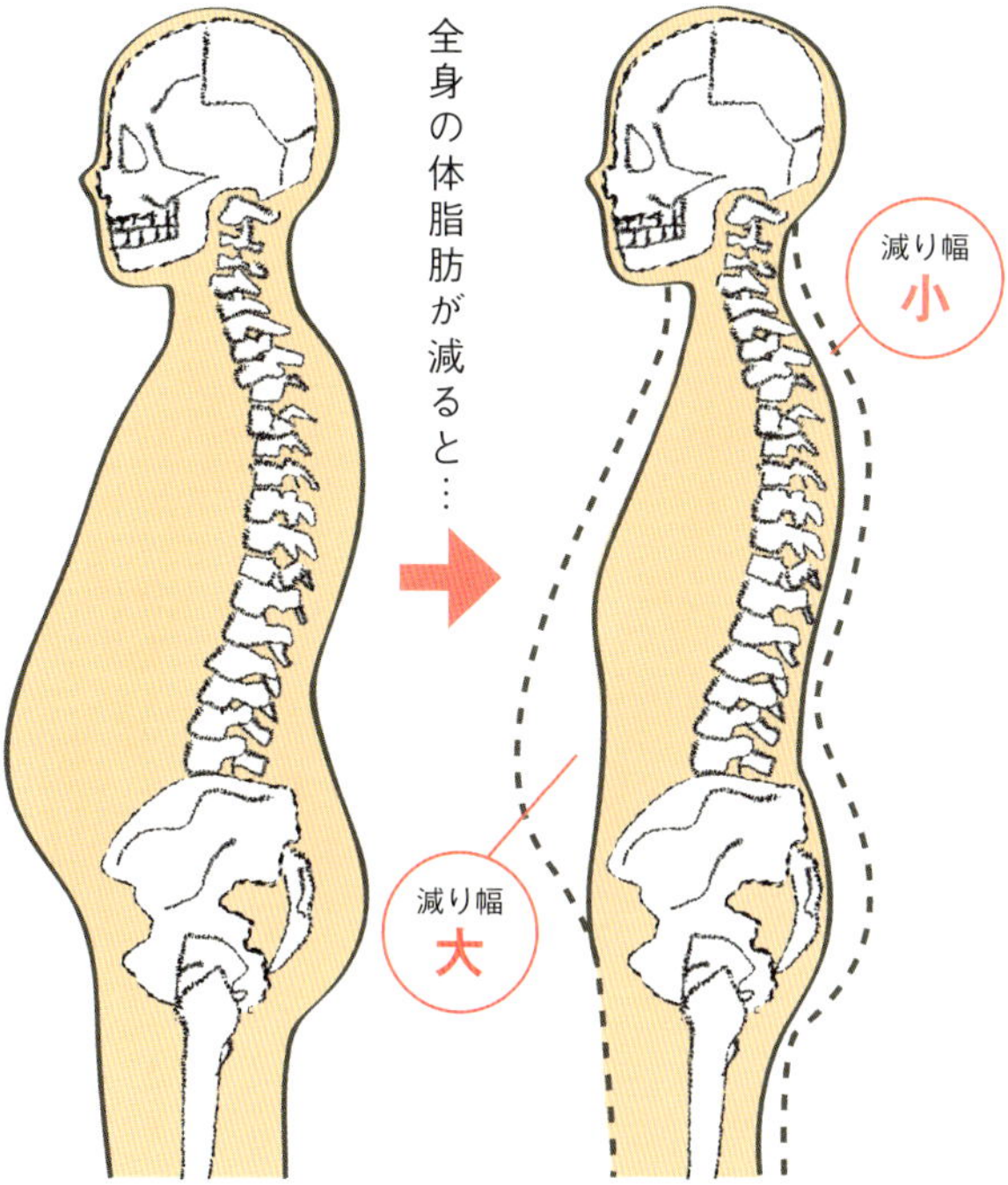

体脂肪は全身同じ割合で減っていくので、もともと体脂肪の多いお腹などが筋トレで部分やせしたと思い込みがち。

間違いダイエットから卒業する（2）

ゆがみで太ることはなく骨盤を整えても体脂肪は減らない

「努力してもなかなかやせないのは骨盤がゆがんでいるから」などといって、高額な骨盤矯正グッズやリンパマッサージを勧める「整体型ダイエット」も、昔からある効果の疑わしいダイエット法のひとつ。**ゆがみ（姿勢のアンバランス）によって太る、やせにくいなどということは、生理学・医学的にありえません。**

実際に左右の手や足をくらべてみると、全く同じ形ということは少なく、生まれつき長さや大きさが違うのはごく自然なこと。その差を補うために自然と備わるゆがみもあります。さらに、右利き、左利きという利き腕の違いや、体の一部をよく動かすスポーツ、いつも同じ側で荷物を持つ、脚を組むといった生活習慣によっても左右差が生まれます。痛みや疲労の原因になるようなゆがみや癖があるならば、改善したほうがよいのは確かです。しかし、そのゆがみは、高価な骨盤ケアグッズを使わなくても、生活習慣を見直して正しい筋トレやストレッチを行えば解消できます。

太ってしまったのは、食事や間食、体を動かすことの少ない日常生活になんらかの問題があるからです。問題を直視せずにあやしげなダイエットに時間やお金をいくらつぎ込んでも体脂肪は減りません。

肥満や体の不調を解消するためには、根本原因を見つけて改善すること。間違いダイエットに振り回されないで。

間違いダイエットから卒業する（3）

脳は都合の良いことだけ記憶する体質という言葉に騙されないで

「○○で太る体質をやせる体質に」のような、いわゆる「体質改善ダイエット」も要注意です。自分は食べ過ぎではない、水を飲んでも太る体質という人がいますが、ゼロカロリーの水をいくら飲んでも、体脂肪が増えることはありません。

では、食べていないのに太るという人や、食べているのに太らないという人が存在するのはなぜなのか。それは、**「自分に都合の良いことだけ記憶する」という脳の習性による勘違いがほとんどです。自分がどれだけエネルギーを摂っているのか、正しく把握し記憶している人は意外に少ないもの。**ためしに3日間、食べたものや飲んだものをすべて記録してカロリー計算をしてみてください。普段はあまり食べない人のほうが、たまたまたくさん食べたことが印象に残りやすく、自分はよく食べると思い込んでいたりします。食べていないのに太るという人は、食べたことは忘れる一方、食べずに我慢したことは覚えているケースが多いのです。タンパク質や脂肪は太らないという糖質ダイエットや、アルコールはエンプティカロリーだからいくら飲んでも良い、食べる順番を変えれば大丈夫など、都合のよい情報を鵜呑みにしてはいけません。当たり前のことですが、消費するエネルギー以上に食べれば太るのです。

ところで、**筋肉量が多ければ、同じ体重でも消費エネルギーが多いので太りにくいのですが、これは生まれ持った体質の違いではありません。トレーニングという努力によって手に入れた「太りにくい体」です。**

特別食べていない日を記憶に残しがち

食べていないのに太るという人は、脳の習性による記憶違いのケースがほとんど。間食や飲み物も忘れずにカロリー計算して、自分の盲点を見つけよう。

太っている人の特徴

普段
カツカレー、
ハンバーガーセット、
牛丼

ある日
何も食べていない

食べていない日を
記憶に残しがち

やせている人の特徴

普段
あまり食べない、
低カロリーなもの

ある日
焼き肉食べ放題で
たっぷり食べた

よく食べたときのこと
を覚えている

Reason for weight loss
by Squat

間違いダイエットから卒業する（4）

筋トレ＝きつい、長いは間違い 回数自慢には意味がない

最小の努力で確実にやせて、リバウンドもしない。そんな王道ダイエットの両輪が食事のコントロールと筋トレです。そういうと、「食事はともかく、筋トレは…」と敬遠されがち。筋トレには地味できつくてつらいというイメージがあるようです。また、「筋トレを続けているけれど効果が上がらない」という声も。プロのトレーナーやスポーツ選手でも、間違ったやり方を続けていることがあるので、無理もないと思います。

たとえば、毎日筋トレは欠かさない、腹筋100回・腕立て100回といったやり方をしていたら、効果が上がらないのは当然です。正しいフォームで、1セット10回。がんばればあと2回できるという負荷で10回がベストなのです。これを2～3日に1回3セット行う。筋肉の特徴を考えればそれで十分です。続けて何10回もできるとしたら、それは負荷が弱すぎるだけの話。やみくもに回数を増やすと雑に

なって、フォームが崩れやすくなるというデメリットも。**筋トレで重要なのは、量より質です。筋肉は休息させないと大きくならないので、同じ部位を毎日鍛えても非効率的。**疲労やけがの原因にもなりかねません。

体幹やインナーマッスルなど、筋肉の少ない部位や小さな筋肉を鍛えるのもダイエットには非効率的。正しい知識を身につければ最小の努力で必ず効果が上がる、それが筋トレです。

×毎日筋トレ
×腹筋100回、腕立て100回
×インナーマッスルを鍛えてやせる
×お腹やせには腹筋が一番
×限界まで持ち上げる

Reason for weight loss
by Squat

スクワットでやせる（1）

自宅でできる、着替えがいらない 1回たったの3分でOK

ダイエットでも筋トレでも、一番大切なのは無理なく続けられること。テスト前の詰め込み勉強のように、ともかく必死で頑張るようなやり方では三日坊主かせいぜい一週間が関の山、筋トレの成果が出る前に挫折してしまいます。思い切ってフィットネスクラブに入会したのに、忙しくて通えず会費が無駄になってしまったというのもよくある話。最初はやる気満々だったけれど、わざわざ着替えたりするのが面倒になって…、などというさぼり心は誰にでもあります。

スクワットダイエットは、わざわざジムやフィットネスクラブに通う必要はありません。いつでもどこでもできます。体を動かしやすい服装なら何でもＯＫで、ウエアやシューズ、特別なグッズもいりません。スクワットはゆっくり10回やっても1分とかからないので、目標の3セットを行うために3分もあれば十分です。しかも2～3日に1度でＯＫ。それは、毎日筋トレするよりも休養を入れたほうが「超回復」という体の仕組みで効果的に筋肉を増やせるからです。

実践ページで詳しく解説しているフォームや負荷でスクワットを続ければ、確実に筋肉を増やすことができます。時間もお金もかからず、必要なのは目標とやる気だけ。**わずか3分の筋トレでも続ければ目に見えて引き締まり身体能力も上がります。**

スクワットダイエットは
着替えも不要で
どこでもできる。
1日3分、毎日しなくて
よいから無理なく
続けられる。

Reason for weight loss by Squat

スクワットでやせる（2）

食事制限＋スクワットは最短でやせられる最高のダイエット

繰り返しお伝えしていますが、やせるための鉄則は「消費エネルギーが摂取エネルギーを上回ること」。**スクワットは、ダイエット中の筋肉の減少を防ぎ、むしろ筋肉を増やして消費エネルギーの根幹である基礎代謝を上げるために最適な筋トレですが、摂取エネルギーが多いままだとダイエット効果はなかなか上がりません。**筋トレのたびにご褒美スイーツを食べていたら、体脂肪は減らないのです。努力を水の泡にしないために、間食や水分補給も含めて食事全般を見直してみましょう。

成人男性が５００kcal減らすとすると、食事なら夕食の約半分減らす程度で良いのですが、運動なら約1時間ものランニングをしなければなりません。ですからダイエットしたいなら運動量を増やすよりも摂取エネルギーを減らす方が容易なのです。ただし、食事制限だけでも体重は落とせますが、その中身が問題です。エネルギーが足りなくなると、体は体脂肪と筋肉を分解するホルモンを同時に分泌するので両方減ります。脂肪は食べれば増えますが、筋肉は鍛えないと増えません。食事制限だけのダイエットをすると筋肉は減っていく一方。リバウンドしても筋肉は戻らないので、減った筋肉の分だけ体脂肪が増えて体脂肪率は跳ね上がるという結果が待っています。

ダイエットの目的は体脂肪を減らすことなので、筋肉量の維持は必須。食事制限とスクワットの組み合わせが一番近道なのです。

筋トレ

ダイエット中の筋トレは、筋肉を維持して基礎代謝をキープするのに欠かせない。食事制限と組み合わせれば最短でやせられる。

＋

食事制限

食事制限で摂取エネルギーをコントロール。ただし、食事制限だけのダイエットは筋肉を削ってしまい、リバウンドしたら最悪の結果に。

Reason for weight loss
by Squat

スクワットでやせる（3）

運動は苦手、嫌いという人ほど筋トレの効果が高い

同窓会などで十数年ぶりに集まると、なかには別人のように体形が変わっている友人がいます。**実は真剣にスポーツに打ち込んでいた人ほど、体脂肪が増えていることが多いのです。**なぜなら、学生時代と社会人になってからの消費エネルギーのギャップが大きいにもかかわらず、食生活はそれほど変わらないものだから。いくら食べても太らなかったスポーツマンも、運動をやめてしまえばエネルギーは余り、体脂肪として蓄えられます。もともと運動していない人は、社会人になっても学生の頃との運動量や食事があまり変わらないので、体形が激変するということはありません。ただし、筋肉は少しずつやせ細って基礎代謝が下がる一方、体脂肪は少しずつ増えるので、見た目にはわかりにくい隠れ肥満になりやすいので要注意です。

ところで、運動の得意な人と苦手な人では、どちらのほうが筋トレを正しく身につけて効果を上げやすいでしょうか。**運動が得意な人は、無意識のうちに反動や全**

身の筋肉を使って負荷を分散させる合理的な動きをしますが、実はこういった動作は目的の筋肉だけを鍛える筋トレではＮＧ。筋トレの効果を上げる最大のポイントは、非合理的な動きをして鍛えるべき筋肉を使うことにあるのです。運動が苦手な人はトレーニング体験が少ないので、正しいフォームを忠実に覚えようとします。運動経験者も過去の筋トレにとらわれず、新たな気持ちで取り組んで成果を上げてください。

運動好き
部活など引退後…
食べる量が変わらないのに、運動量が減る

食生活を見直さないと元スポーツマンほど太りやすい。自己流の筋トレにも気をつけて。

運動苦手
継続した運動を続ける…
スリムな体を維持できる

運動嫌いな人は中年以降の隠れ肥満に注意。短時間の筋トレで、スリムな体形を維持しよう。

スクワットのメリット（1）

引き締まった体とすらりと伸びた背すじが手に入る

このスクワットの最大のメリットは、正しい筋トレで筋肉を維持したままやせられるので、メリハリのある引き締まった体が確実に手に入ることです。自己流筋トレとは違って、理にかなった方法ならば確実に成果が上がります。実際、やせるために行う本書の4週間プログラムならば、2～3日に一度、しかもたったの3分で十分なのです。食事制限だけのダイエットのように筋肉を減らすこともないし、繰り返すほどやせにくい体になるリバウンドとも無縁。目標の体になったら週に1回程度の筋トレでキープすることが可能です。魅力的にやせられる正しい知識や筋トレが身につけば、古い常識や誤った情報に惑わされなくなります。

さらに、このプログラムでは、**体形だけでなく姿勢も美しくなります。姿勢とは、生まれつき備わったものではなく、意識して身につける「技術」だからです。**日常動作はデスクワークから家事、スマホまで、とかく前かがみになりがちですが、スクワットは頭からお尻まで一直線になるように背すじを伸ばします。正しいフォームで行うためには、下半身だけでなく体幹の筋肉、腹筋や背筋も使うので、美しい姿勢に必須の「感覚」と「筋力」が同時に鍛えられるのです。姿勢改善には、美しい姿勢でいたいという意識も欠かせません。普段の生活の中でも鏡やウィンドウに映る姿をチェックして、いつでも整った姿勢で過ごすよう心がけましょう。

姿勢が
良くなる

やせやすい
身体になる

スクワットのメリット（2）

ほどよく体を動かす方が疲労の回復が早い

デスクワークのように、それほど体力を使っていない仕事でも、夕方になれば肩は凝るし腰はだるく、脚も重くなります。こういった疲れは、座ったままの同じ姿勢を保ち続けたことが原因。血管が筋肉に圧迫されて血行が悪くなり、疲労物質が滞ってしまったために起こる「静的疲労」です。

このタイプの疲労は、**安静にして体を休めるよりも、筋トレやストレッチなどで軽く体を動かして、血行を促進したほうが早く回復します。**

1日数分の筋トレやストレッチを習慣にして、ハツラツとした毎日を送りましょう。

Benefits of squat

スクワットのメリット（3）

スクワットで筋肉を刺激すると睡眠の質が良くなる

睡眠には脳や体に休息を与えたり、成長ホルモンを分泌させて全身の細胞をリフレッシュさせるなど、生きていく上で大切な役割があります。しかし日中に体を動かす機会が少なく夜間に光や音の刺激が多い現代では、自律神経のバランスが乱れて寝付きにくい、眠りが浅いなど、睡眠に悩む人が多くいます。

日中にスクワットなどの筋トレを行うと交感神経が刺激され、夜間は副交感神経が優位になり質の良い睡眠へと導いてくれます。結果、睡眠の恩恵を存分に得ることできます。

質の良い睡眠をとって、細胞を若返らせる成長ホルモンを沢山分泌させましょう。

スクワットのメリット（4）

筋トレでアドレナリンを消費しストレス解消、過食を防ぐ

さまざまなストレスにさらされたとき、体内では心身を興奮させるアドレナリンというホルモンが分泌されます。これは敵、つまり非常事態に対峙した際、大きな力を発揮して戦うのを容易にすべく備わった機能です。

現代では、受けたストレスを上手く解消するのが難しく、血中のアドレナリン濃度は高いまま。その解消手段は暴飲暴食やお酒に向かいがちです。**スクワットなどの筋トレは、このアドレナリンを有効に消費することができ、気分転換と過食の予防にもなります。**

スクワットでストレスフリーな体を手にいれましょう。

Benefits of squat

スクワットのメリット（5）

免疫力を低下させる冷えにもスクワットが効果的

免疫力の低下は、冷えと深く関わっています。体を温める食べ物を摂る、半身浴をするなどの対策も良いですが、根本から冷えを解消するには血行や代謝を良くすることが大切です。そこで、下半身をめぐった血液を心臓に戻すポンプの役割をするので**「第二の心臓」と呼ばれるふくらはぎを効率的に刺激できる点と体温の約60%は筋肉で作られているので、たくさんの筋肉を使うという点においてもスクワットがおすすめです。**

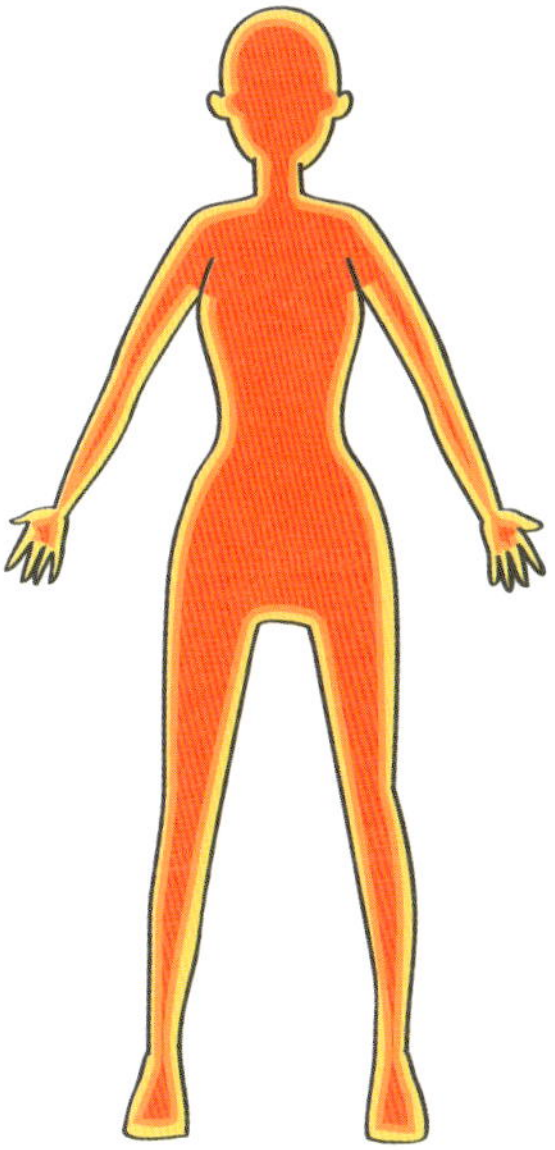

筋トレは代謝を上げて体温を高める効果もあり、女性や男性にとっても嬉しい事づくし。代謝のよい、冷え知らずの体を作りましょう。

Column

#1

スクワットで太ももがムキムキになるってホント?!

スクワットで下半身の筋肉を鍛えると、太ももやふくらはぎが太くなってしまうのでは？そんな心配をする方が、特に女性にたくさんいらっしゃいます。

でもその心配は無用です。太ももやふくらはぎが太くなる原因は体脂肪の増加にあります。食事制限をしながらスクワットを行うと、筋肉量を維持しながら余分な体脂肪だけを削ることができるのでメリハリのある、引き締まった美しい脚線美に変わります。

ボディビルダーや競輪選手の脚が太いのは、非常に強い刺激を長時間加えながら、大量に食事を摂るからです。本書で紹介するダイエットを目的としたスクワットでムキムキになることはないので、安心してトレーニングしてください。

PART 2

4週間プログラムと4つのルール

４週間プログラムについて
必ず覚えたいポイントを伝授します。
ここだけはしっかり覚えて実践へ移りましょう！
やる気を向上させてくれるカレンダー付き。

まずは目標をはっきりさせる

4週間プログラムで10年前の体を取り戻す

目標がはっきりしていると、４週間プログラムを続けるモチベーションも上がります。ただやせたいというだけでなく、スタイルを良くしたい、どんな服でも着こなせるようになりたい、恋人をゲットしたい、メタボから脱却したいなど、自分自身の目標をしっかりと持つこと。大きく書いて目に入るところに貼っておくという古典的な方法も、意外に自分を奮い立たせてくれます。

そこに**ぜひ加えてほしいのが「10年前の体を取り戻す」という最終目標です。**一般的に筋肉量や体力は20歳をピークに下降の一途をたどります。しかし、文部科学省の「体力・運動能力調査（２０１１年）」によると、50～54歳で「週3回以上」運動をしている人は、35～39歳の「週1日」の運動群と体力レベルが同じであることがわかっています。登山家の三浦雄一郎さんは、80歳でエベレスト登頂を成し遂げています。**適切な筋トレを行えば、何歳になっても筋肉は増やせるのです。結果が**

4週間プログラム
スタート
最終目標は、
20歳の頃の
体を取り戻す！

出るまでの時間は個人差がありますが、４週間で10歳若返ることも十分可能です。

筋トレを続ければ、体脂肪の少ない引き締まったシルエットや、すらりと背すじの伸びた美しい姿勢が手に入るほか、歩幅も広くなって颯爽と歩けるように。また、睡眠の質が向上し、成長ホルモンの分泌が増えて肌のつやもよくなります。

4weeks
squat program

いよいよ実践まであと少し（1）

知っておきたい4つのルールと4週間プログラムカレンダー

4週間プログラムでは週3回のスクワットと、脂肪燃焼を促す有酸素運動、筋肉を休めるストレッチを2日ずつ行います。（P.47・表1参照）それぞれ1日3セットを4週間繰り返すことで、ご自分の体形に変化を感じられることでしょう。

スクワットの種類は、基本のベンチスクワットを筆頭に4種類紹介します。

基本的にはベンチスクワットを4週間続けるだけでも問題ありませんが、余裕が出てきたら他の3種のスクワットにレベルアップして、より筋肉への負荷を高めましょう。また、P.76～からのオプションメニューは加えられるとさらに効果を高めます。（P.47・表2）スクワットメニューと同じ日にスクワット後に続けて行いましょう。

以上の流れをわかりやすくP.48～49の4週間プログラムカレンダーにしたので、毎日チェックして日課として役立てて下さい。

本章のPART2では、4週間プログラムのルールとして、1回3セットの理由やスクワットだけを毎日行わない理由をわかりやすく説明していきます。

1

スクワットは週3回。
以下の順序で行いましょう。

表1

スクワット ← 有酸素運動 ← スクワット ← ストレッチ ← スクワット ← 有酸素運動 ← ストレッチ

2

P.48～49のカレンダーを使って日々チェックしながら
4週間プログラムを続けましょう。

3

スクワットは全4種。
基本の「ベンチスクワット」に慣れて余裕が出てきたら
他の3種にレベルアップしていきましょう。

4

体力に余裕ができたら、スクワットの後に
オプションメニュー（P.76～）を加えましょう。

表2

スクワット＋オプションメニュー ← 有酸素運動 ← スクワット＋オプションメニュー ← ストレッチ ← スクワット＋オプションメニュー ← 有酸素運動 ← ストレッチ

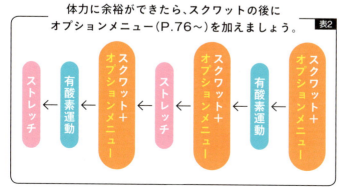

カレンダー

毎日チェックをつける習慣がつくと、
忘れずにプログラムを達成できる!!

ストレッチ 10回×3セット	スクワット 10回×3セット	有酸素運動 1分～×3セット	ストレッチ 10回×3セット
			finish!!

4週間プログラムチェックシート

	スクワット 10回×3セット	有酸素運動 1分～×3セット	スクワット 10回×3セット
1週目 ①水をたっぷり摂る			
2週目 ①+②脂・糖・アルコールの量を減らす			
3週目 ①+②+③ 3Kを摂る			
4週目 ①+②+③+④ タンパク質を毎食摂る			

※詳しい使い方はP.47の2を参照して下さい。
繰り返し使用できるようにコピーしてお使い下さい。

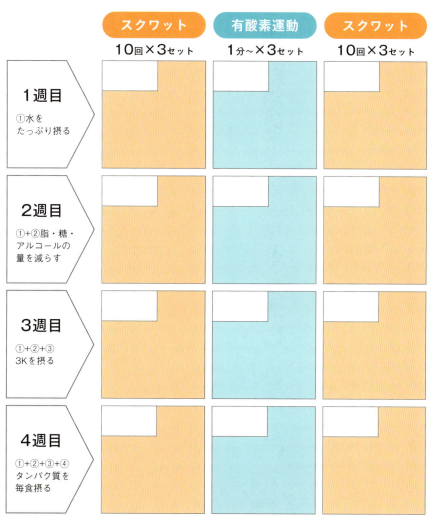

いよいよ実践まであと少し(2)

主要な筋肉を知って 効いている感じを意識しよう

4週間プログラムによって鍛えられる主な筋肉は次ページの通りです。アウターマッスルのなかでもボリュームの大きな大臀筋《だいでんきん》をはじめ、下半身の主要な筋肉をターゲットとしていることがわかります。だから、少ない筋トレで最大の効果が上がるのです。

使っている筋肉を意識すると、筋肉は収縮力を発揮しやすくなるというメリットもあるので、これらの筋肉を覚えておくと効果的です。筋トレ前にその部分を見たり触ったりしても、筋力アップが期待できます。

逆に、おしゃべりや考えごとをしながら、あるいはテレビを見ながら行うと、せっかくの筋トレ効果を薄れさせてしまいます。たとえわずかな差であっても、筋トレやダイエットは、小さな努力の積み重ねが実を結ぶもの。3分かからない筋トレだからこそ集中することが大事。せっかくやるなら最大の効果を狙いましょう。

主に効果が出る部位はここ！

➡スクワット（ベンチ・スクワット、スプリット・スクワット、サイド・スクワット、シングル・スクワット）

➡プラスアルファプログラム（プッシュアップ、ニールダウン、アブドミナル・カール、バック・エクステンション）

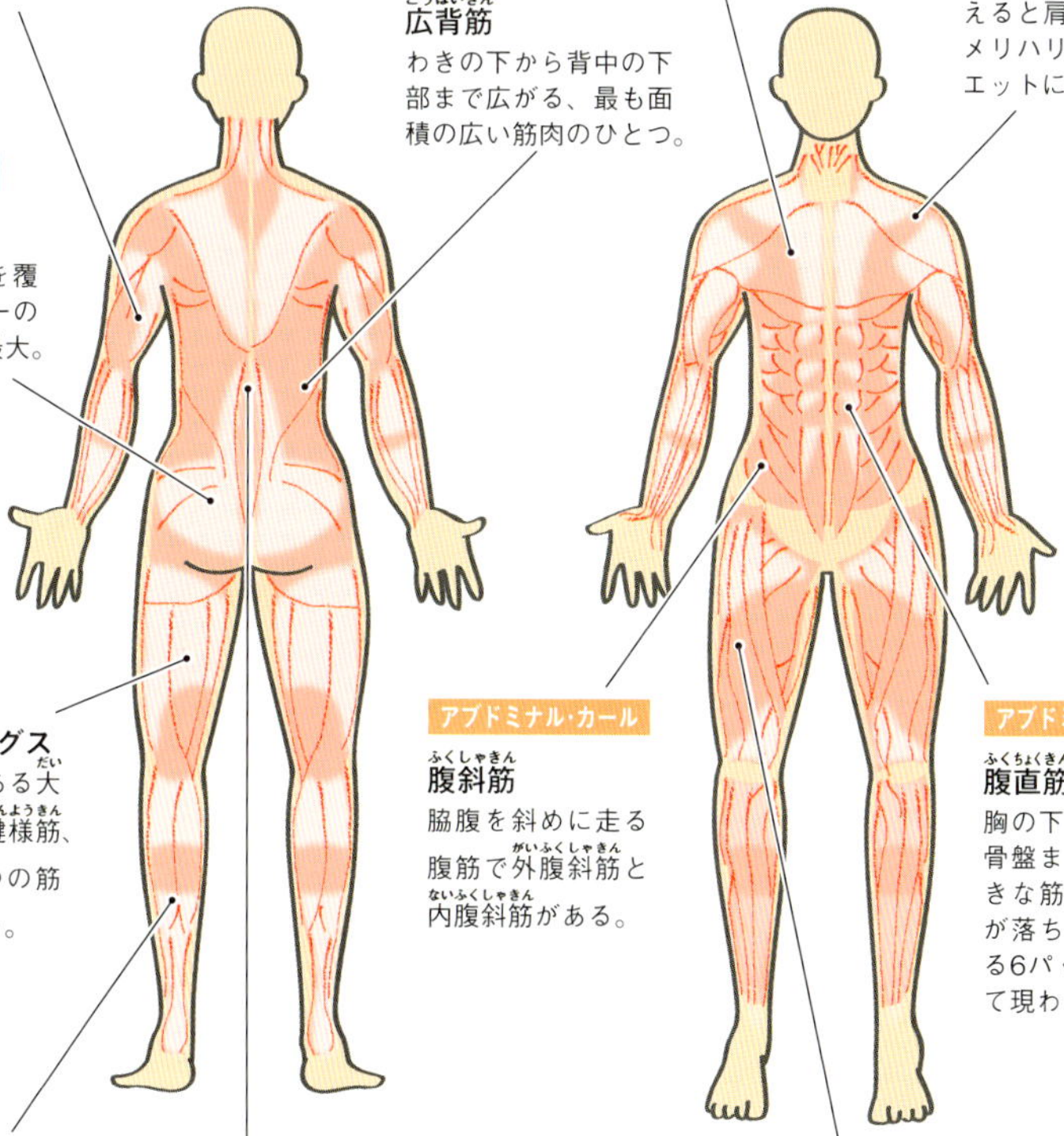

プッシュ・アップ

上腕三頭筋《じょうわんさんとうきん》

腕の裏側にある大きな筋肉。前側にあって力こぶを作る上腕二頭筋《じょうわんにとうきん》と拮抗する。

ニール・ダウン

広背筋《こうはいきん》

わきの下から背中の下部まで広がる、最も面積の広い筋肉のひとつ。

プッシュ・アップ

大胸筋《だいきょうきん》

胸を幅広く覆っている大きな筋肉。ここを鍛えると胸板が厚くなる。

プッシュ・アップ

三角筋《さんかくきん》

肩周りを覆う三角状の筋肉。ここをきたえると肩幅が広がりメリハリのあるシルエットに。

スクワット

大臀筋《だいでんきん》

お尻の大部分を覆っている。単一の筋肉としては最大。

スクワット

ハムストリングス

太もも裏側にある大《だい》腿《たい》二《に》頭筋《とうきん》、半腱様筋《はんけんようきん》、半膜様筋《はんまくようきん》の3つの筋肉で構成される。

アブドミナル・カール

腹斜筋《ふくしゃきん》

脇腹を斜めに走る腹筋で外腹斜筋《がいふくしゃきん》と内腹斜筋《ないふくしゃきん》がある。

アブドミナル・カール

腹直筋《ふくちょくきん》

胸の下あたりから骨盤まで広がる大きな筋肉。体脂肪が落ちるといわゆる6パックとなって現われる。

スクワット

下腿三頭筋《かたいさんとうきん》

ふくらはぎを形成する腓腹筋《ひふくきん》とヒラメ筋の総称。足首を曲げたり、姿勢を保持する。

バック・エクステンション

脊柱起立筋《せきちゅうきりつきん》

背骨に沿って走る筋肉、腸肋《ちょうろく》筋《きん》、最長筋《さいちょうきん》、棘筋《きょくきん》などの総称。姿勢を維持する。

スクワット

大腿四頭筋《だいたいしとうきん》

太もも前側にある筋肉の総称。大《だい》腿《たい》直筋《ちょっきん》、外側広筋《がいそくこうきん》、内側広筋《ないそくこうきん》、中《ちゅう》間広筋《かんこうきん》の4つの筋肉で構成される。

坂詰式スクワットの極意（1）

正しいフォームとスピード 余力を残した負荷で行う

筋トレの効果を上げるためにまず心がけたいのは「正しいフォーム」です。自己流ではなく何かの書籍を参考にしている、パーソナルトレーナーの指導を受けているという場合も、体が変わらなかったとしたら、それは効果の得られないフォームで続けているケースがほとんどです。意外に盲点になりやすいのは、準備姿勢。これが崩れていては、効果が上がらないのも当たり前です。**正しいフォームが身につくまでは、実践ページの写真と説明と照らして何度でも確認しましょう。**

適切な負荷は、あと2回できるぐらいの余力を残して10回行うこと。弱すぎても強すぎてもNGです。目的の筋肉に効いていることを意識しながらトレーニングします。筋肉は鍛えるけれど関節には負荷をかけないことも大切です。関節は消耗品なので、損傷すると回復するまで時間がかかるからです。関節を守るためにも、正しいフォームと適切な負荷で行うようにしてください。

筋トレのスピードもポイントです。基本は、**体を上にあげる動作は1秒、下げる動作には2秒。慣れてきたらその倍の時間で行います。ゆっくり動かすほどしっかり鍛えることができます。**ときどき高速で腹筋や腕立てをしているのを見かけます。本人はハードなトレーニングのつもりかもしれませんが、スピードの速い筋トレや、１００回できるようなやり方では疲労感はあるものの、効率が大幅に下がります。

4weeks squat program

坂詰式スクワットの極意（2）

1セットだと効果半減 3セット＋インターバルの意味

正しいフォームと、あと2回できるぐらいの余力を残した負荷でゆっくりと10回。これが最も効果的ならば、3セットでなくても、1セットでもよいのでは？という声が聞こえてきそうですが、**30～90秒のインターバル（休息）を挟んでの3セットのスクワットには意味があります。**

筋肉は筋線維が集まってできていて、一つの動作中に全ての筋線維が働いているわけではありません。例えば**筋トレを1セット行って100%力を出し切ったつもりでも、実際は筋肉全体の3～4割しか収縮して力を出していません。**これは、筋肉が過度に力を出して肉離れを起こしたり腱を損傷したりするリスクを避けるために備わった、制御機能です。**3セット行うことによって、はじめて、筋肉内の筋線維をまんべんなく使うことができるのです。**

インターバルについては、筋肉は筋トレなどで動いた後に回復する時間が必要で、なおかつ完全に回復しきらない状態で続けた方が筋肉の合成が促されると考えられている為、90秒以内を推奨しています。また逆に30秒より短くしてしまうと、筋肉が回復していない状態で行うことになるため、発揮する筋力が下がってトレーニングの効率が悪くなります。ですから30～90秒のインターバルが一番効率が良いのです。

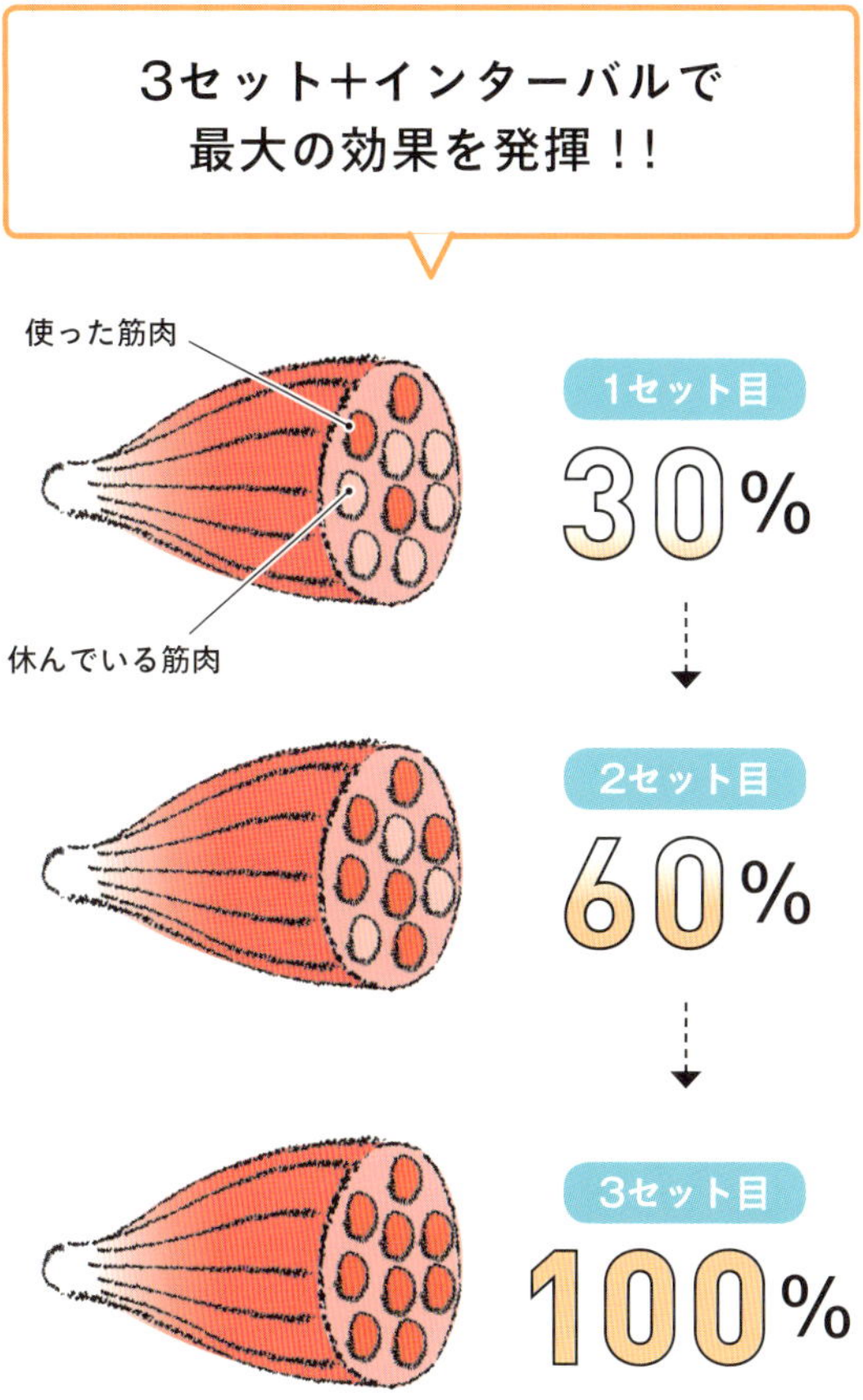

筋肉が一度に発揮できる力は30～40%でしかない。
ほぼ100%鍛えるには30～90秒のインターバルを挟んで3セット行うこと。

坂詰式スクワットの極意（3）

筋トレは毎日やってはいけない「超回復」させるには休養が必要

ありがちなのが「3日に一度で本当にいいの？　でも、毎日やればもっと早くやせられるでしょう」という勘違い。「筋トレは、毎日やらないと効果がない」という迷信めいた古い考えを、いまだに信じている指導者もいます。**しかし、はっきりいって「毎日筋トレするぐらいならやらないほうがマシ」。筋肉は休息を与えることによって大きくなるものなので、使い続けてはダメなのです。**

筋トレによって筋肉が増える仕組みについて説明しましょう。トレーニングによって筋肉に負荷をかけると、筋肉の中にある糖が使われ減少します。その過程で乳酸や水素イオンなどの老廃物が生まれ、わずかではありますが筋肉は損傷し、疲労してレベルダウンした状態になります。そうすると、同じ刺激を受けても疲労しないように、筋肉は筋トレをする前よりもグレードアップします。これが「超回復」、すなわち筋肉を増やす仕組みで、そのためには48時間から72時間必要です。

通常24時間の休養では超回復は望めないので、毎日筋トレすると疲労したままの筋肉に負荷を与えることになります。それでは効果が上がらないばかりか、筋肉に疲労がたまり、ケガの原因にもなりかねません。**筋トレでは、休息することもトレーニングの一部。そのため週に2～3回がベストなのです。**

超回復

筋トレの効果は「超回復」によって生まれる。
そのためには、2～3日の休養が必要。

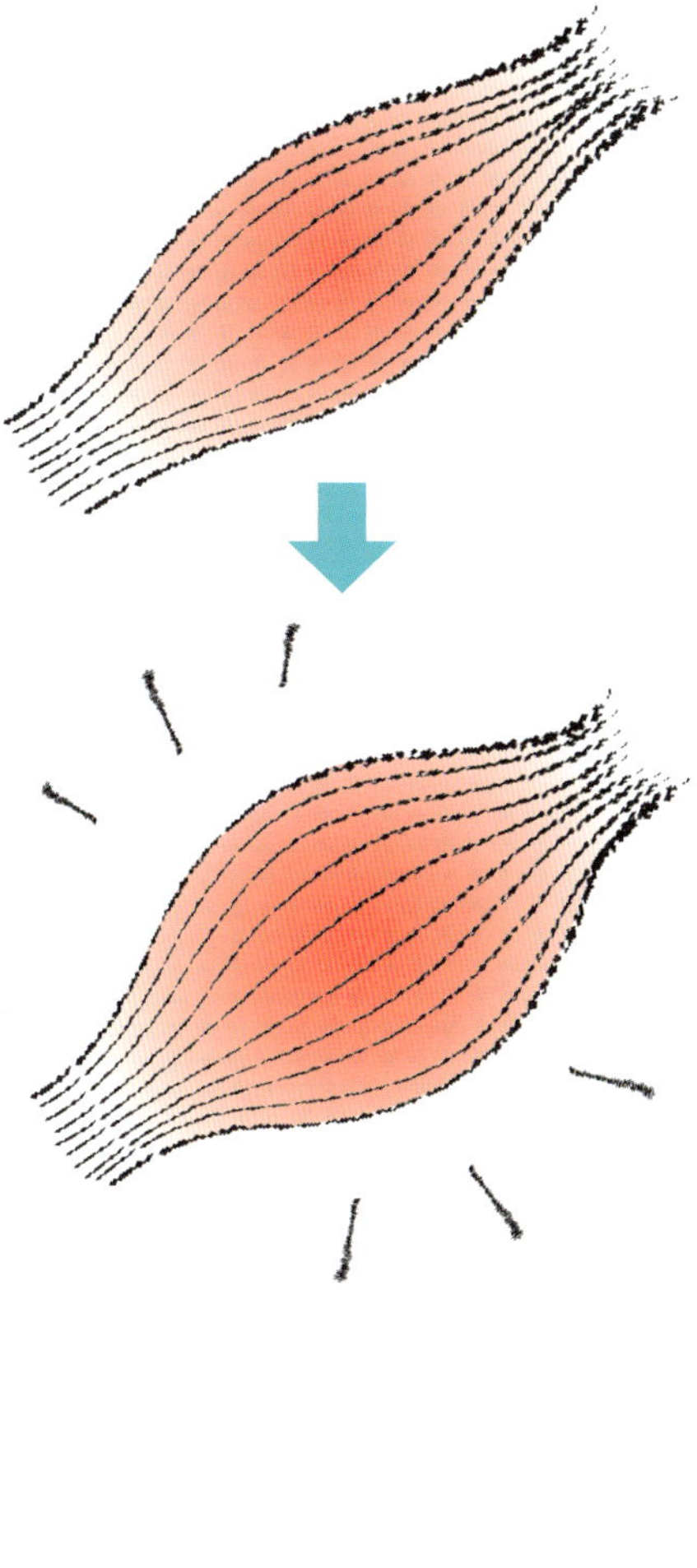

4weeks
squat program

坂詰式スクワットの極意（4）

筋トレが休みの日はストレッチや有酸素運動をする

継続のコツは、いつも同じ時間に運動して、毎日の習慣として定着させてしまうこと。スクワットを休む日は、体脂肪を減らす有酸素運動や筋肉の疲労を和らげるストレッチを取り入れてみましょう。有酸素運動のボクシング・スクワットは、少し息が上がるけれど話ができるぐらいのテンポで、ストレッチのスクワット・ストレッチはリラックスしながら気持ちよく伸ばしてください。

オプションとして紹介している4つの筋トレは、スクワットとは別の筋肉を鍛えるので、同じ日でもＯＫ。**筋肉量の多い下半身→上半身→体幹の順で行うと最も効果が上がります。**

4weeks
squat program

坂詰式スクワットの極意（5）

目標に達したら週1回の筋トレで筋肉をキープ

筋トレの効果は「筋力アップ」と「筋肥大」として表れてきます。**食事制限も同時に行った場合は、1週間を過ぎたぐらいから体が変化してきたことに気づくでしょう。3週間続けられれば、周りからも「最近やせた?」といわれるようになります。**

理想の体を手に入れたら、そのままキープしたいもの。せっかく習慣化した筋トレをピタッとやめてしまうと、筋肉は年率0.5%程度、60歳以降は年率1%程度のペースで減っていきます。目標達成後は、週に2〜3回も行う必要はなく、たった1度のスクワットで筋肉量は維持できます。これなら続けられますね!

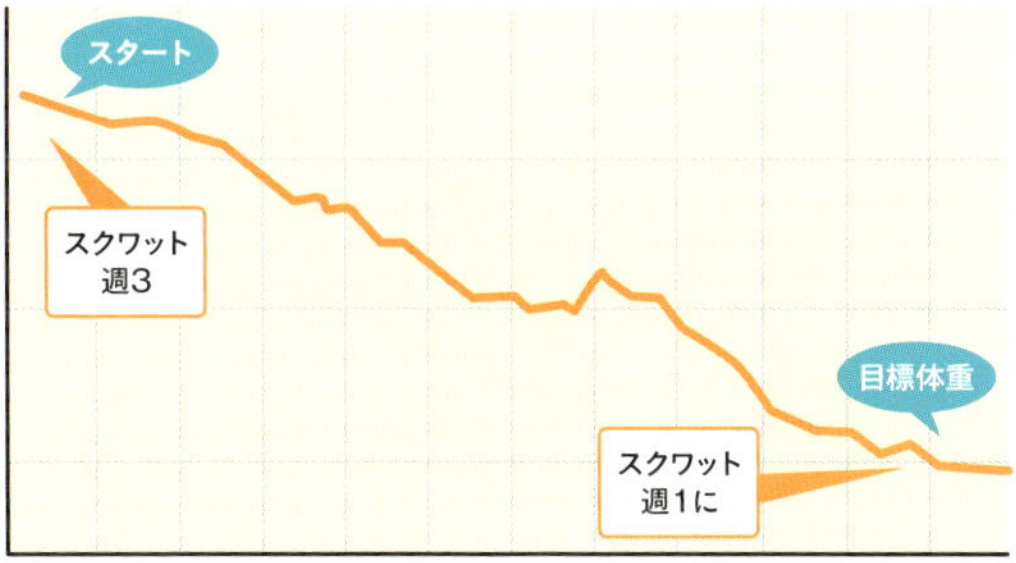

Column
#2

BMIを測って自分の理想体重を知る

健康診断で知られるようになったBMI。
ダイエット効果が簡単かつ客観的にわかる指標でもあります。

BMI（Body Mass Index）とは、身長と体重から割り出す「体型指数」です。生活習慣病などの予防策として普及しています。BMIの値は身長と体重がわかればすぐに出せるため、肥満度や体型を知るのに大変便利なツールといえるでしょう。

まずトレーニングのスタート時にBMIを算出し、ご自分の体型について正しく知ってください。目指すべきなのは標準値のBMI21 ～ 23。よりスリムな体を目指す場合もBMIが18.5を下回らないようにしましょう。

BMI計算式 BMI＝体重（kg）÷身長^{2}（m）

・肥満度の判定基準

BMI	肥満度
40以上	肥満（4度）
35～40未満	肥満（3度）
30～35未満	肥満（2度）
25～30未満	肥満（1度）

BMI	肥満度
23～25未満	ちょいぽちゃり
21～23未満	普通
18.5～21未満	細め
18.5未満	低体重（やせ）

PART 3

いよいよ実践 スクワットメソッド

一番の基盤となるベンチスクワットから
有酸素運動、ストレッチ、オプションまで。
数は多くないから、一つ一つ丁寧に
じっくりフォームを覚えて行いましょう。

スクワット 1

ベンチ・スクワット（椅子スクワット）

スクワット・レベル1

10 × 3
回 セット

インターバル
30〜90秒

＼ *Point* ／

スクワットは、大腿四頭筋をはじめ下半身の筋肉をまんべんなく鍛えられる優れたトレーニング。しゃがんだ体勢から始めるベンチ・スクワットは、すべてのスクワットの基本になります。

1 お尻を突き出すようにひざと股関節を曲げ、背すじを伸ばしたまま、肘がひざ上に触れるまで前傾する。

START!

しゃがんだ体勢から始める。足を肩幅程度開き、両腕は胸の前で交差させる。

上半身は頭からお尻まで一直線。

➡P64：Point②

体の軸は体の中心に保ち偏らない。

➡P65：Point③

ひざはつま先より出過ぎないように。

➡P64：Point①

つま先とひざはやや外側に向ける。

➡P65：Point④

2

息を吐きながら、
1～2秒かけてひざと股関節を
伸ばして立位に。
息を吸いながら２～３秒かけて、
元の姿勢に戻る。
10回続けて行い、
インターバルを入れて
3セット行う。

立ち上がる直前に、さらに前傾して倒れる勢いを利用しないように。
ひざと股関節は、同時に伸ばす。

スクワット・レベル1

ベンチ・スクワット（椅子スクワット）

Point

1 つま先とひざの位置

準備姿勢はイスを使うと覚えやすい。イスにはできるだけ浅く座り、胸の前で両腕を交差して、上体を前傾させる。つま先がひざの真下になるよう足を手前に引き寄せる。

Check!
頭からお尻まで背すじをまっすぐに伸ばしたまま前傾させる。
Check!
つま先がひざより少し出る程度なら構わないが、10cm以上出てはいけない。

Point

2 上半身の姿勢

上半身は、頭からお尻まで一直線になるように背すじをまっすぐに伸ばしたまま前傾させる。背中を丸めたり反らせると、下半身に効きにくく腰に負担がかかるのでNG。

NG
背中が反っている。

NG
背中が丸まっている。

Point

3 足と骨盤の位置

足は肩幅に開く。体の軸（骨盤）は足の中心に。左右に偏らないよう気をつけて。

OK 体の軸が開いた足の中央にある。

Point

4 つま先とひざの向き

つま先とひざは、やや外側に向ける。ひざが開き過ぎたり内側に入ったりすると、股関節やひざに負担がかかるのでNG。

NG
ひざが中に入っている。
NG
ひざが外に開いている。

Check!
肘がひざ上に触れるように、ひざの開き具合を調整しよう。

有酸素運動

ボクシング・スクワット

1 × 3

分間～　セット～

インターバル
30秒

＼ Point ／

ボクシング・スクワットは話ができるぐらい、ややきついと感じる程度の強さで行います。楽に感じるようになったら、より深く屈伸し、動くスピードを上げることで強度を高めていきましょう！

1

顔の下あたりに
拳がくるように構え、
目線は正面に。
脚は肩幅より少し
広めに開いて、
背すじを伸ばしたまま
軽く腰を落として立つ。

上半身はやや前傾。
軽く腰を落として、お尻を突き出す。
つま先とひざはやや外側に向ける。

2

息を吐きながら、
前斜め45度のアゴの高さ辺りに
狙いを定め、後ろのひざを伸ばしながら
パンチを繰り出す。

パンチを出す腕と
同じ側のかかとは
上がってよい。

一旦1の姿勢に戻る。

3

反対側も同様にパンチを打つ。
左右交互にパンチをし、1分間で1セット。
30秒のインターバルを入れて
3セット以上行う。

ストレッチ

スクワット・ストレッチ

\ Point /

開脚して行うスクワットを応用したストレッチです。スクワットで鍛えた大殿筋や大腿四頭筋、ハムストリングスなどを気持ちよく伸ばして、疲労回復を助けます。

1

脚を前後に大きく開き、
後ろ脚の膝をついてしゃがむ。
上半身は頭からお尻までまっすぐに伸ばし、
両手は前脚のひざあたりにかさねる。

太ももは床と平行に。
床が硬いときは、ひざの下にクッションを置いて行う。
前脚のつま先とひざはまっすぐ正面に向け、後ろ脚のつま先は立てる。

左右各
10秒間 × 3セット
インターバル 10秒

2

上半身をまっすぐに
保ったまま重心を
前脚に移動させ、
息を吐きながら痛みを
感じない程度に下半身を
気持ちよく10秒伸ばす。
10秒のインターバルを入れて、
左右各3セット行う。

Variation
バリエーション

手を床につけて上半身を前傾させると、前脚の下腿三頭筋と大腿四頭筋がさらに伸びる。

上半身を前傾させて行うと、前脚側の大殿筋やハムストリングスがさらに伸びる。

スクワット 2

スプリット・スクワット（前後開脚スクワット）

スクワット・レベル2

左右交互に各

10 回 × **3** セット

インターバル 30〜90秒

＼ *Point* ／

前後に大きく開脚して行うスプリット・スクワットは、前脚により大きな負荷がかかるので、ベンチ・スクワットよりもトレーニング強度がアップします。

1

立位から始める。
両腕は胸の前で交差させ、背すじを伸ばして頭からお尻まで一直線に。
脚を前後に大きく開き、つま先とひざはまっすぐ正面に向けて立つ。

つま先とひざはまっすぐ正面に向けて立つ。

正面から見た正しいフォーム。

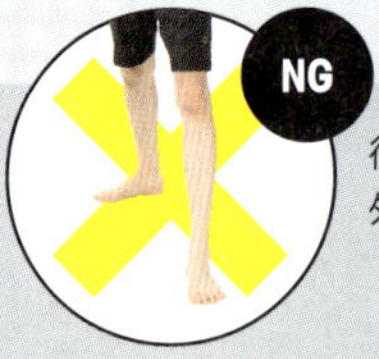

後ろ脚のつま先が外側に開いている。

2

息を吸いながら、2～3秒かけてひざが床につく寸前まで体を沈め、前脚に6～7割、後ろ脚に3～4割の体重をかける。上半身はやや前傾させる。息吐きながら1～２秒かけて元の姿勢に戻る。10回で1セット。インターバルを入れて左右交互に3セット行う。

背すじは伸ばしたまま、前脚に6～7割の重心をかける。
ひざはまっすぐ前に向けたまま曲げる。

NG

前脚のひざが外側に開いてしまっている。

スクワット
3

スクワット・レベル3

サイド・スクワット（左右開脚スクワット）

左右交互に

10 × 3
回 セット

インターバル
30〜90秒

\ Point /

左右に大きく開脚して行うサイド・スクワットは、曲げる脚に大きな負荷がかかる中級者向けのスクワット。スプリット・スクワットが楽に感じたらトライしましょう。

1

立位から始める。
両腕は胸の前で交差させ、
背すじを伸ばして頭から
お尻まで一直線に。
脚を左右に大きく開き、
つま先とひざは少し
外側に向けて立つ。

つま先とひざは少し外側に向ける。

肩幅の2倍ぐらい開く。

2

息を吸いながら、2秒かけて片側の脚に重心を移動する。
上半身は床と垂直に保ったまま、曲げている脚に7～8割、
伸ばしている脚に2～3割の重心になるように。
1秒かけて元の姿勢に戻る。左右交互に各10回で1セット。
インターバルを入れて3セット行う。

OK
横から見た正しいフォーム。

NG
上半身が前に倒れている。

NG
お尻が逃げて、上体は曲げた脚の側に流れている。

スクワット 4

スクワット・レベル4

シングル・スクワット（片脚スクワット）

＼ Point ／

片脚にほぼ全体重をかけるシングル・スクワットは、トレーニング強度が最も高い。安全に行えるよう後ろ脚を軽く床につけますが、体重が後ろ脚にかからないように気をつけて。

1

立位から始める。
両腕は胸の前で交差させ、背すじを伸ばして頭からお尻まで一直線に。
一方の足を半歩後ろに引いて、つま先を立てる。

8〜9割の重心を前脚に。

Variation
バリエーション

後ろの足をイスに乗せて行うブルガリアン・スクワット。シングル・スクワットでうまくバランスが取れたら、こちらにチャレンジしよう。

左右交互に各

10回 × 3セット

インターバル 30〜90秒

2

息を吸いながら、2～3秒かけて前脚に全体重をかけるつもりで、
後ろ脚のひざが床につく寸前まで体を沈める。
背すじを伸ばしたまましっかり前傾する。
1～2秒かけて元の姿勢に戻る。10回で1セット。
インターバルを入れて左右交互に各3セット行う。

背すじは伸ばしたまま上体を前傾させて、体重を前脚に乗せる。
ひざはつま先より前に出てOK。まっすぐ前に向けたまま曲げる。

NG

体重が後ろ脚に残っているため、負荷が両足に分散されてしまう。

オプション 1

プッシュ・アップ（腕立て伏せ）

プラスして鍛えるとさらに効果UP1

\ *Point* /

プッシュ・アップは、大胸筋、三角筋、上腕三頭筋などを鍛える上半身の基本の筋トレ。慣れたら、頭からひざまで一直線に、さらに頭からかかとまで一直線にして負荷を上げて行います。

1 両ひざをついてつま先を立てる。指先を45度外側に向け、指の間は開いて、肩幅の2倍の間隔で両手をつく。

上半身はまっすぐに。
ひざは腰幅に開く。腰からひざは、床と垂直
指先を45度外側に向け、指の間は開く。
肩幅の2倍の広さで両手を床に。

2 肩甲骨を寄せて胸を張り、息を吸いながら2～3秒かけてひじを曲げる（理想は90度だが、ひじの角度で負荷を調節）。息を吐きながら1～2秒かけて元のフォームに戻る。10回で1セット。インターバルを入れて3セット行う。

上半身は一直線。
負荷はひじを曲げるほど大きくなるので、ひじの角度で調整する。

10回 × 3セット

インターバル 30～90秒

オプション 2

ニール・ダウン

プラスして鍛えるとさらに効果UP2

\ Point /

ニール・ダウンは、背中の大きな筋肉である広背筋などを鍛える筋トレです。しっかり鍛えるには、重心を足に分散させないこと。腕や背中に負荷を感じながら行います。

1

頭からひざが一直線になるように両手と両ひざをつき、足首を組んでひざを曲げる。

手の間隔は肩幅に開き、指を揃えてまっすぐ前に。

2

手に体重をかけたまま、息を吸いながら2～3秒間かけて頭を下げてお尻を後ろに引く。息を吐きながら1～2秒かけて元の姿勢に戻る。10回で1セット。インターバルを入れて3セット行う。

足に体重が乗らないように浮かせておく。

両腕は真っ直ぐに伸ばしておく。

あごが上がらないように。

10回 × 3セット

インターバル 30～90秒

オプション 3

アブドミナル・カール

プラスして鍛えるとさらに効果UP3

＼ Point ／

アブドミナル・カールは、腹直筋や腹斜筋を鍛える、いわゆる「腹筋」です。誰でも知っているけれど、自己流では効果半減。正しいフォームやスピードを覚えましょう。

1 仰向けになって、脚は腰幅に開きひざを90度に曲げる。手は組まずに、指先を後頭部にかけて脇をしめる。

ひざは90度に曲げる。
ひじが開かないように脇をしめる。
脚の間隔は腰幅に。

2 息を吐きながら1〜2秒かけて背中を丸め上体を起こす。息を吸いながら2〜3秒かけて元の姿勢に戻る。10回で1セット。インターバルを入れて3セット行う。

両足が浮く手前まで、背中全体をしっかり丸める。

10 回 × 3 セット

インターバル 30〜90秒

オプション
4

バック・エクステンション

プラスして鍛えるとさらに効果UP4

\ Point /

バック・エクステンションは、背骨周りの脊柱起立筋など腰部を鍛える筋トレです。体幹が強化されて姿勢や背中がすっきりと美しくなり、腰痛の予防にも役立ちます。

1 うつぶせになり、手を重ねてあごを乗せる。脚は腰幅に開く。

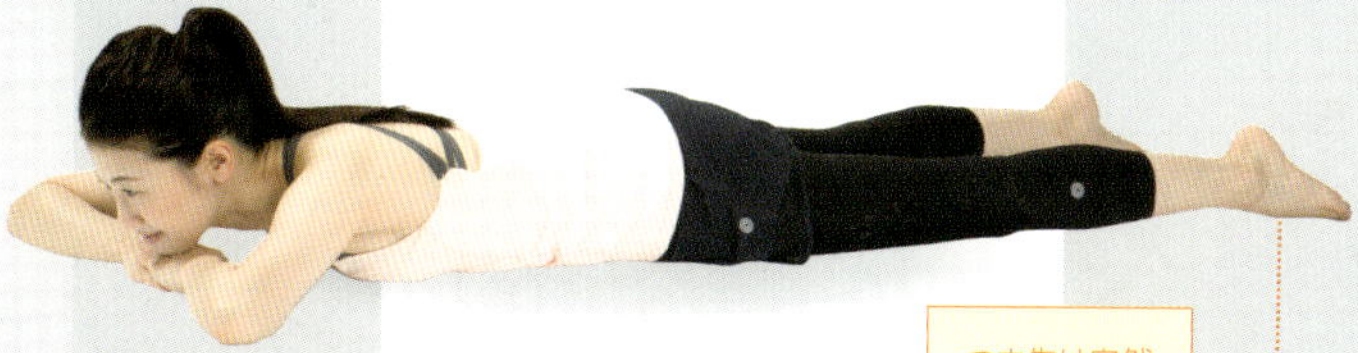

つま先は自然に伸ばす。

2 息を吐きながら1～２秒かけて上体を反らす。
息を吸いながら2～３秒かけて元の姿勢に戻る。
10回で1セット。インターバルを入れて3セット行う。

お腹を床につけたまま、勢いをつけずに上体を反らす。

両手が床から15～20cm上がればOK。

10回 × 3セット

インターバル
30～90秒

Column

#3

成功か？挫折か？
その分かれ道は、
「目標設定」です

痩せたいのに続かない―。その悩みには、一番大切な「目標設定」にミスがあるのかもしれません。途中リタイヤやリバウンドなしのために！まず、目標作りに取り組みましょう！

運動やダイエットに挑戦しても「続かずに挫折してしまった」という人の悩みを多く聞くと、2つの共通点があることに気づきます。ひとつは、動機が漠然としていること。もうひとつは、具体的かつ正しい体重の目標設定をしていないことです。

動機は「◯インチのジーンズを履く」など具体的でイメージしやすい方が、モチベーションを保てます。

また、体重の目標設定は正しく明確に立てるべきです。減量目標は一週間あたり体重の1％が上限ですので、体重50キロの方なら1週間に0.5kgまでが健康的でリバウンドしにくい数値。これ以上のペースで設定してしまうと、筋肉が減少しやすいだけでなく、心身にストレスがかかり挫折しやすくなります。

これを元に落としたい体重に必要な期間をあらかじめ計算、設定しましょう。

ここで気をつけたいのは、女性は体脂肪が体重の16％以下になると無月経や骨密度の低下などのリスクが生まれるので、無理のない目標設定することが大切です。

PART 4

やせる食生活でダイエットが急加速

ダイエットに適した食材、
食事の摂り方など
スクワットと組み合わせて
どんどんやせていく食事法を紹介します。

Improve one's diet

食生活を改善しよう

4週間プログラムに合わせて食生活も改善すれば効果は絶大！

体重を落とすには、運動だけでは不十分、食事の摂り方も同時に見直すことが、一番の基本です。消費カロリーよりも摂取カロリーが多ければ、やせることはできません。

例えば、毎日80kcalずつ摂取カロリーが多かったとすると、1年間では80kcal×365日＝29200kcal、脂肪は1kg7200kcalとすると、単純に言うなら、一年間で約4kg体重が増えることになります。

逆に毎日80kcalずつ減らせば1年間で4kg体重は減るのです。食事制限が必須とはいえ無理に行えばストレスになって、挫折につながります。

そこで**『4週間プログラム』に合わせて、これから紹介する食事法を毎週1つずつ取り入れ、無理なく摂取カロリーを減らしていきましょう。**

1週目：①水をたっぷり摂る

スクワット＋食事制限がやせる近道！

2週目：①＋②脂・糖・アルコールの量を減らす
3週目：①＋②＋③3K（キノコ・海藻・コンニャク）を摂る
4週目：①＋②＋③＋④タンパク質を毎食摂る

筋肉を鍛えるスクワットと**やせる食習慣**の合せワザで、4週間後にあなたの目標の体形が手に入ります。

やせる食生活1週目

水はたっぷり 普段よりも1ℓ以上飲む

水は究極のゼロカロリー食品。いくら摂ってもエネルギーにも脂肪にも変化せず、そのうえ水でなければ得られないメリットがたくさんあります。「自分は水太り」という人は、水ではなく、砂糖入りの飲み物やアルコールなど高カロリー食品を摂っていることに気づいてないだけ。

水を飲むもっとも大きなメリットは、食欲が抑えられること。食前に250mℓ程度飲んでおけば、そのぶん胃に食物が入る容積が減り、食欲が抑えられます。さらに、食事制限で陥りやすい脱水症状も予防できます。体内に十分な水分がないと血液の流れが停滞気味になり、細胞に十分な酸素が行きわたりません。ダイエットだけでなく健康のためにも水分摂取は欠かせない条件なのです。

ノンカロリー・ノンカフェイン、ノンアルコールの飲料なら、水以外の白湯、麦茶、ハーブティーなどでもＯＫです。プーアール茶などの中国茶や、緑茶、紅茶、コーヒーはカフェインを含むのでダイエットには適しません。特に炭酸水は、より満腹感が増すのでおすすめです。プログラムの１週目から以前よりも１日１ℓ以上多く、こうした水分を摂ります。

OK

ノンカロリー・ノンカフェイン、ノンアルコール飲料を、今までよりも１ℓ多く飲んで。水、白湯、麦茶、ハーブティーなどが◎。炭酸水はより満腹感を増すのでおすすめ！

NG

もっとも避けるべきはアルコール（お酒）や砂糖入りの飲料。カフェインを含むコーヒー、紅茶、緑茶、中国茶はほどほどに控えて。

やせる食生活2週目

脂・糖・アルコールのうち一番好きなものを少しだけ我慢する

　プログラム2週めは、積極的なカロリーカットに挑戦です。カロリーオーバーな食生活をおくる人の多くは、

・「油ものが好き」（脂質の摂りすぎ）
・「甘いものが好き」（糖質の摂りすぎ）
・「お酒が好き」（血糖値が急上昇）

のいずれか、または重複しているケースがほとんどです。好物であるだけに、ついついたくさん摂りすぎているものはありませんか？

　脂質は糖質やタンパク質（4kcal／1g）に比べ、2倍以上（9kcal／1g）もカロリーがあります。また、スイーツに欠かせない砂糖は、食べるとすぐに血糖値が上昇し、体脂肪に変わりがち。アルコールはそれ自体が真っ先にエネルギーとして消費されるので、私たちが燃やしたい体脂肪は使われることなくそのまま残ってし

まううえ、砂糖同様血糖値を上昇させてしまう、厄介な存在です。

２週目は、こうした「好きなもの」を少しずつ我慢して、摂取カロリーを減らす習慣をつけることに挑戦です。細かなカロリー計算は不要！

例えばいつものドーナツは半分だけ食べる、お酒を飲む日を半分にするなど、単純に「半分に減らす」ことを続けましょう。

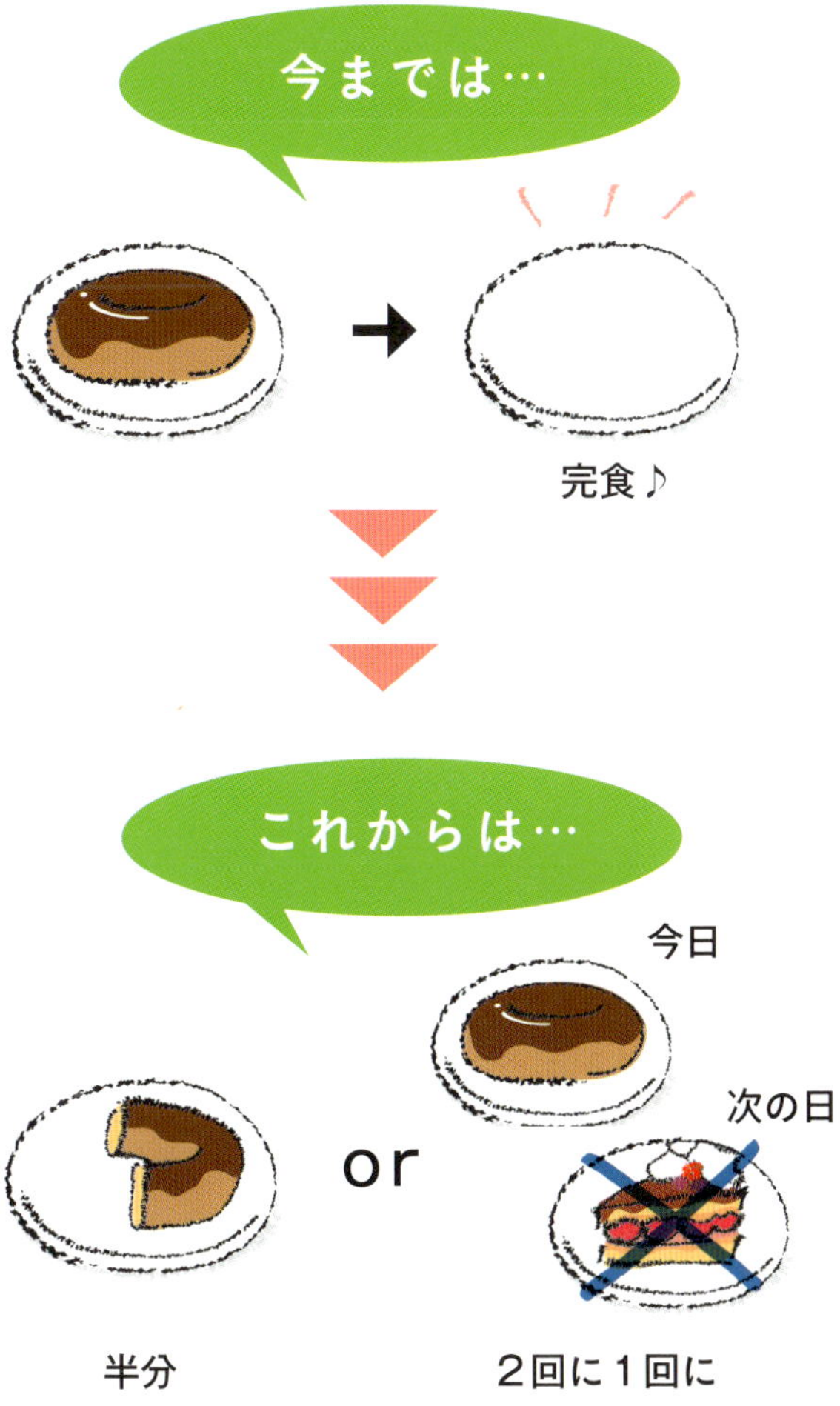
今までは…
完食♪
これからは…
今日
次の日
or
半分
２回に１回に

やせる食生活3週目

カロリーゼロ食材 3Kを積極的に摂る

3週目は体の調子を整えながら、カロリーダウンできる、3つの食材に注目します。それは、**〈きのこ類・海藻類・こんにゃく〉の3種類。いずれも構成成分のほとんどが水分と食物繊維のため、満腹感を高め、かつ糖質や脂質の吸収をゆるやかにして血糖値の急上昇を防ぎます。**さらに、腸の善玉菌のエサとなって腸内環境を整え、便秘解消にも役立つという、まさにダイエットと健康づくりにうってつけの食材たちなのです。

海藻類はその約90％が水分。残りは水溶性食物繊維で、カリウム、ナトリウムなどのミネラルも豊富です。シイタケ、エノキなどのきのこ類も水分が多く、不溶性食物繊維がほとんど。こんにゃくは、もともとのこんにゃく芋は水溶性食物繊維ですが、凝固剤を使うため不溶性食物繊維。質量の約96～97％が水分という、驚きの食材です。

これらの食材は頭文字を取って、「ダイエットの３Ｋ食材」と呼ばれています。ただし、注意しなければいけないのは、３Ｋ食材だけでお腹を満たそうとすると、たちまち栄養不良に陥るということ。必要な栄養はきちんと摂りながら、スープや汁物、副菜などに３Ｋ食材を取り入れ、上手に満腹感を高めながらカロリーダウンしていきましょう。

積極的に取り入れたい3つのK食材

きのこ類

パスタやドリア、リゾットなどの主菜、和洋中の副菜やスープ、汁物など幅広い料理に生かせる活用度の高い食材。シイタケやエノキは干すと旨味が増して満足感もアップ！

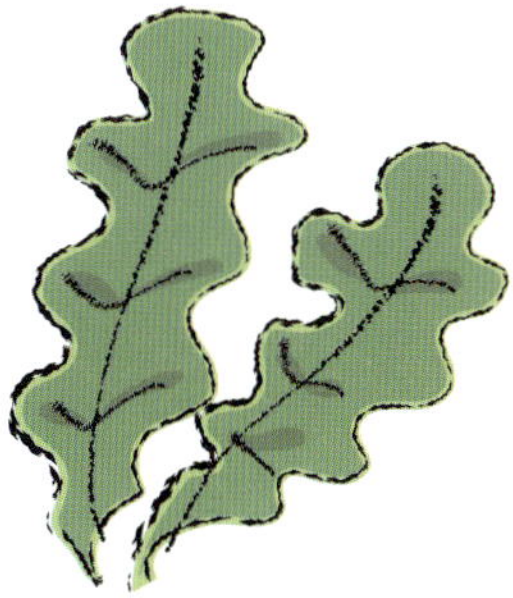

海藻類

ワカメの味噌汁やトロロのお吸い物、モズクの三杯酢、海藻サラダ、ヒジキやコンブの煮物など定番メニューのほか、さまざまな酢の物、和物に。毎食少しずつ摂るのが理想的。

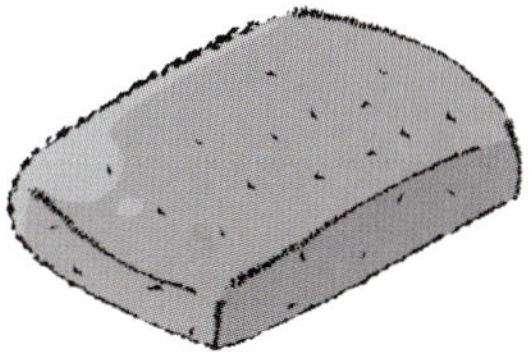

こんにゃく

糸こんにゃくや白滝も成分は同じ。肉じゃがなどさまざまな煮物に加えられます。小さく切った白滝をご飯に混ぜて炊けばボリュームアップ。おでんや刺し身こんにゃく、田楽などは手間いらず。

Improve one's diet

やせる食生活4週目

タンパク質をプラスした食事を意識する

いよいよプログラムの最終週です。今まで積み重ねてきた食習慣を維持しながら、今週は「タンパク質を毎食摂る」ことを習慣化しましょう。

私たちの身体はおおよそ水分、脂肪、タンパク質で構成され、筋肉をはじめ、骨、血液、皮膚などの細胞を作るのにタンパク質は必須の栄養素。まして筋肉を増やし、健康的にやせようとするなら、今までの食生活よりも多くのタンパク質が必要となります。

ところが**タンパク質は、まとめ食いで身体に取り入れることはできません。摂り過ぎればそのつど消費されたり排泄されてしまうので、食事の度に安定補給しておきたい栄養素なのです。**

主菜には必ず肉類や魚介類を含んでいるメニューを選びましょう。「朝食は納豆派」という人もいるかと思いますが、大豆食品だけではタンパク質量が足りないので、必ず卵や牛乳、ヨーグルトなどを食事に添えてください。

肉類ならモモ肉、ヒレ、鶏肉のささみ。魚介類なら白身魚やイカ、タコなど脂肪分が少ないものがおすすめですが、極端な脂質の制限は腹持ちを悪くするだけでなく、ホルモンバランスが崩れるなど健康に悪影響ですのでほどほどに。

私たちの身体の構成成分

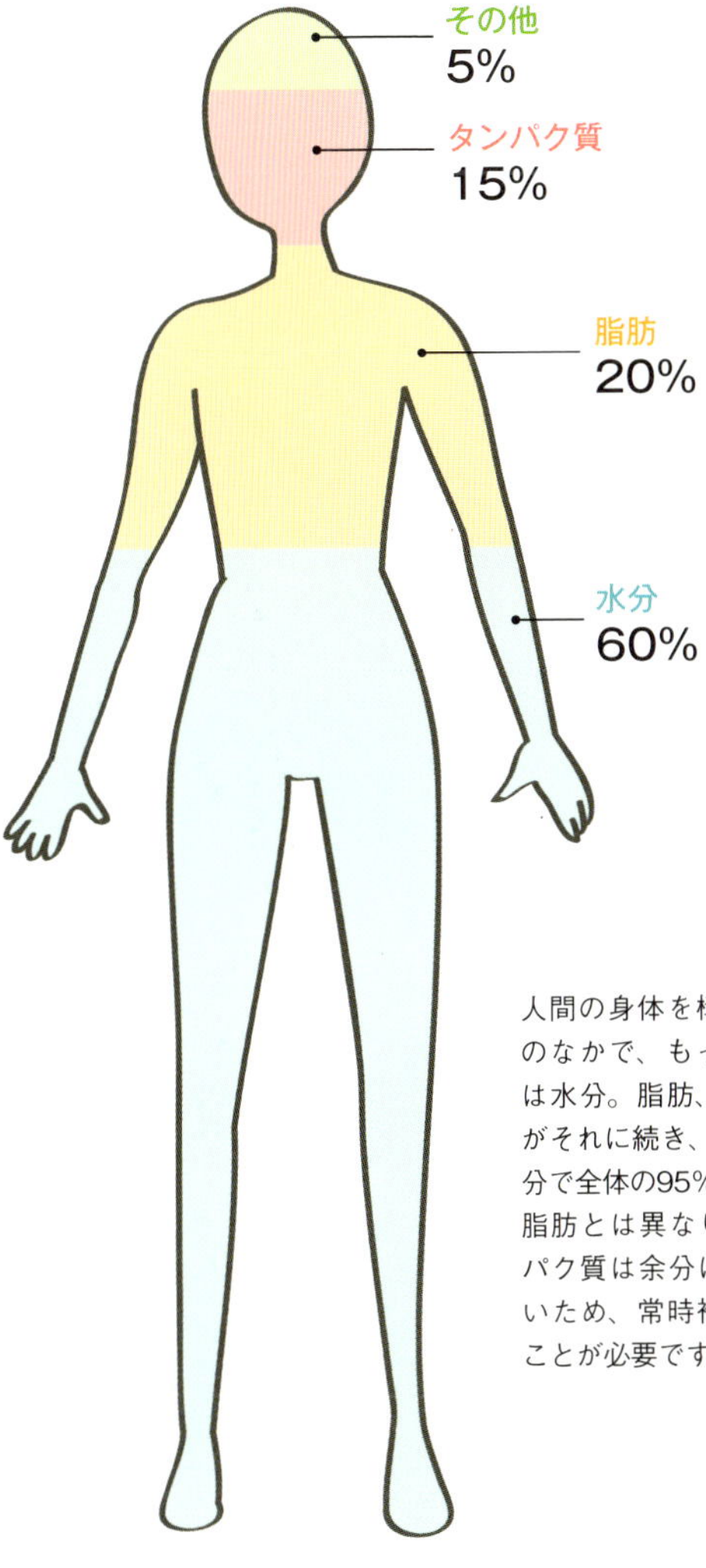
その他
5%
タンパク質
15%
脂肪
20%
水分
60%

人間の身体を構成するもののなかで、もっとも多いのは水分。脂肪、タンパク質がそれに続き、この3つの成分で全体の95%を占めます。脂肪とは異なり、水とタンパク質は余分に貯蔵できないため、常時補給摂取することが必要です。

スクワットやダイエット
に関する

Q&A

4週間プログラムを始める前に知りたい疑問をを坂詰先生にご回答いただきました。

運動編

Q
スクワットを行う ベストな時間帯は ありますか？

A

交感神経が高まる16時頃がベストですが、日中運動できない社会人ならば、夕食後2 ~ 3時間後をめやすにしましょう。19時頃に夕食、21 ~ 22時頃に運動するか、あるいは17時頃におにぎりやパンの軽食を摂って19時に運動するのがおすすめ。夕食は運動後に摂り、主食は控えて。

Q
スクワットの 効果が現れるのはいつ頃 でしょうか？

A

筋肉の張りは１週間で自覚することができます。筋肉量を維持したまま体脂肪だけが落ちていくので、２週間も続ければ体形が変わってきたことを実感できます。そのまま3週間続ければ、他人の目からも効果がわかります。

Q
寝る前しか 運動時間が取れない 場合はどうしたらいい？

A

スクワットの効果を出すには規則的に「続けること」が一番。寝る前しか時間が取れないのであれば、それでも十分です。「普段はできないから、休日にまとめて長時間やる」のでは、狙った効果は得られません。

Q

筋肉痛とは違う痛みが出ました

A

運動後の筋肉痛とは異なる強い筋肉の痛み、関節の痛みなどが出た場合は、運動を止めて様子をみましょう。運動効果は約１週間は持続するので、あせらず安静に。痛みが引けてから運動を再開してください。激しい痛みや腫れがあるなら医師の診察を受けましょう。

Q

40代からでもやせることは可能？

A

40代でも50代でもやせられます。スクワットで筋肉に負荷を掛けると、筋肉は確実に大きくなり、基礎代謝が上がります。私たちの身体は、1日の消費エネルギーの約6割は生命を維持するための体温調節などの基礎代謝に費やしているのです。むしろ年を取るほど筋肉量は落ちているので、スクワットによる基礎代謝の「伸びしろ」は大きいと言えます。

Q

体重がなかなか減りません…

A

運動を続けていると、いつの間にか飲食の量が増えていることがあります。体重が減らない期間＝いわゆる停滞期には、食事の内容や運動量を見直すことが必要です。女性は月経周期の後半に体重が減りにくくなりますが、これは水分量の問題なので気にする必要はありません。

生活編

Q
スクワット後はすぐに食べてもOK？

A

通常のスポーツ活動では筋肉に血液が大量に集まって内臓の血流が低下するため、運動直後の食事は胃腸に負担がかかります。ただし本書の運動は短時間ですので、運動後30分程度空ければOKです。

Q
4週間プログラム以外に、食事で気をつけることは？

A

血糖値の急激な変動を避けるには、空腹の時間を長くせず、1日の食事量を4回に分けて食べるのが理想的です。まずは夕食を控えめに、朝食をしっかり摂って、3度の食事量を平均化します。それに慣れたら、夕方補食を摂って、その分夕食の主食を減らすことも検討してください。

Q
その他に習慣づけしたほうがいいことはありますか？

A

ストレスが取り除かれると過食傾向がおさまり、ダイエット効果が高まります。入浴はストレスを解消し、さらに水圧や浮力で筋肉の疲労を早く取り除く効果もあります。ダイエット中にはお風呂をゆっくり楽しむのがおすすめです。

Q

下腹ぽっこりが気になるのですが、気を付けることはありますか

A

お腹の力を抜けばたいていの人は下腹がぽっこりするものですが、極端な場合は皮下脂肪や内臓脂肪が多いだけでなく、内臓下垂、姿勢の悪さ、便秘などが考えられます。これらもスクワットを正しく行うと改善されていきます。

Q

ダイエットのモチベーションが下がったら？

A

モチベーションを高める4つの方法があります。①「痩せた後どうしたいか」を明確にし、ダイエットを始めた動機をしっかり意識する。②減量目標を適切に。これら2つは本書内でお話をしました。③周りの人に宣言。後に引けない気持ちも大切。④変化を記録する。体重やボディサイズなどの変化を“見える化”する。SNSやアプリを利用するとこれら③、④の2つを同時に行え、モチベーションを維持できます。

Q

ダイエットにいい睡眠のとり方は？

A

睡眠時間が短くなると食欲増進ホルモンのグレリンの分泌量が上昇し、反対に食欲抑制ホルモンのレプチンは分泌量が低下します。睡眠不足は過食のもと！　夜更かしは避け、規則正しい良質な睡眠をしっかり取るのがダイエット成功の隠れた秘訣です。

監修　坂詰 真二

1966年新潟県生まれ。横浜市立大学文理学部卒。「スポーツ&サイエンス」代表。NACA認定ストレングス&コンディショニング・スペシャリスト。各種アスリートへの指導、スポーツ系専門学校講師を務めながら、雑誌『Tarzan』（マガジンハウス）など、様々なメディアで運動指導、監修を行う。『やってはいけない筋トレ』（青春出版社）、『お尻をほぐせば「疲れ」はとれる』（ベストト新書）など、著書多数。公式ブログhttps://ameblo.jp/s-s1996/

BOOK　STAFF

編集　株式会社オフィスアビ（今井綾子、堀内容子）

装丁・デザイン　I'll products（成富英俊、園田茜、谷村凪沙、髙橋奈央）

撮影　天野憲仁（日本文芸社）
プロフィール撮影　徳永徹
イラスト　nikosupyder、kei
執筆協力　松本美和、米原まゆみ

モデル　大橋規子（スペースクラフト）
今村輝大（GIG MANAGEMENT JAPAN）

衣装協力　easyoga(イージーヨガジャパン)　http://easyoga.jp/

世《せ》界《かい》一《いち》やせるスクワット

2017年10月10日　第1刷発行
2018年 1月 1日　第5刷発行

監修者　坂詰《さかづめ》 真二《しんじ》

発行者　中村 誠

印刷・製本所　図書印刷株式会社

発行所　株式会社日本文芸社
〒101-8407
東京都千代田区神田神保町1-7
編集　03-3294-8920
営業　03-3294-8931
URL　http://www.nihonbungeisha.co.jp/

Printed in Japan 112170921-112171211Ⓝ05
ISBN978-4-537-21528-1

編集担当:上原